KB182398

자기주도학습능력을 키우는

전뇌활용영재교육

자기주도학습력을 키우는

전뇌활용영재교육

김건용 · 박경희 · 박병철 지음

이담
Books

머리말

    현재 한국의 교육은 풍랑 만난 배와 같이 이리저리 흔들리고 갈피를 잡지 못하고 있는 실정입니다. 그것의 가장 큰 이유는 대학입시 제도가 자리를 잡지 못하고 있기 때문입니다.

    부존자원 하나 없는 우리나라의 미래를 짊어질 아이들에게 단순교육을 통해 머릿속에 담아두는 교육만 적용할 것이 아니라 두뇌계발 프로그램을 통해 부족한 부분을 발달시키고 새로운 생각과 함께 앞서 행할 수 있는 리더를 만들어야 합니다. 이러한 교육 현실 속에서 이는 결코 쉬운 일이 아닙니다. 그러나 이미 미국을 위시한 선진국에서는 미개척분야인 뇌교육에 막대한 국가예산을 쏟아 부으며 각종 연구와 임상실험들을 통해 새로운 교육의 행태를 적용하며 그 결과를 보이고 있습니다.

    본서는 두뇌계발이 무엇이고, 어떻게 교육을 해야 하며, 어떤 과정을 통해서 리더가 탄생하는지를 알면서 이러한 리더가 탄생하는 데 결정적 역할을 해야 하는 전뇌활용과 영재교육 기법을 소개하고 있습니다.

    끝으로 출판을 물심양면으로 도와주신 한국학술정보(주) 사장님과 관계직원들께 깊은 감사를 드립니다.

Contents

제2부 세계 영재교육 … 119

제1부
전뇌교육

뇌의 정중단면 (사람)

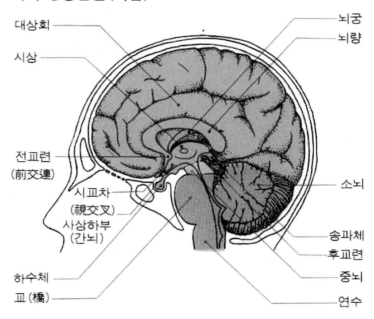

대상회

시상

전교련
(前交連)

시교차
(視交叉)

사상하부
(간뇌)

하수체

교(橋)

뇌궁

뇌량

소뇌

송과체

후교련

중뇌

연수

I. 전인교육과 전뇌교육

　교육의 근본은 인간교육에 있다. 자신을 소중히 여기는 정신에서 출발하여 모든 인간을 가치 있게 여기는 인간존중의 입장에서 생각하고, 행동하는 창의적인 인간을 길러 내는 데 교육의 기본이 있는 것이다. 인간교육을 잘하기 위해서는 전인(全人)에 관심을 기울이듯이 이제는 뇌를 알고 가르치는 전뇌(前腦)교육에 목표를 두어야 한다.

　한 개인 개인의 인간 됨됨이는 그 사람의 전체를 대상으로 하는 것이지, 어떤 부분을 대상으로 하는 것이 아니기 때문이다. 한 사람의 생각, 태도, 행동은 그 사람의 됨됨이를 전체적으로 결정하게 된다. 전뇌교육을 잘하기 위해서는 자녀들이 폭넓은 안목과 원만한 인격을 갖추며, 개성이 있고 창의성이 풍부한 인물이 되도록 도와야 한다.

　사람은 교육을 통해 참다운 인간으로 성장한다. 그러나 인간으로 되어 감에 있어서 완성이 있을 수 없으므로 순간순간 최선을 다하여 일생을 통해 배워야 하되 특히 미성숙 단계인 유아시절의 배움은 평생의 삶을 좌우하게 되는 것이다.

　바로 이러한 점에서 교육처럼 중요하고 가치 있는 인간활동은 없다. 교육이 이처럼 가치 있는 역할을 감당하기 위해서는, 교육이 그

본연의 임무에 충실하여야 하고, 교육의 수준을 계속적으로 발전시켜 나가야 한다. 교육이 잘되고 못됨은 한 개인의 삶에 있어서 뿐만 아니라, 국가 또는 인류의 장래에도 매우 중대한 영향을 미친다. 교육을 백년지대계(百年之大計)라고 부른 이유는 바로 여기에 있다.

♣ 적용 ♣

① 칭찬으로 하루 일과를 시작한다.
② 하루 일과를 대화로 나누고 격려하며, 희망을 갖게 한 후 잠들게 한다.
③ 나도 중요하지만 우리를 생각하며 활동했던 것을 질문하고 지도한다.

2. 자녀의 잠재능력을 찾아라

　우리가 사회질서를 지키고, 예절을 지키며, 또한 직업인 또는 전문인으로서 예술, 문학, 체육, 과학, 기술 등 여러 분야에서 저마다 능력을 발휘한다. 이것은 저절로 되는 것이 아니라, 교육을 통해서 우리가 인간으로서 살아가는 데 필요한 태도, 가치관, 능력을 갖추었기 때문에 가능한 것이다.

　그러나 우리가 태어나면서부터 말할 수 있는가? 갓 태어난 송아지처럼 걸어 다닐 수 있는가? 흑과 백을 구분할 수 있는가? 길고 짧음을 구별할 수 있는가? 우리를 위험하게 하는 것이 무엇인지 알고 태어나는가? 이러한 문제에 있어서 인간은 무능하기 짝이 없는 존재로 태어난다. 따라서 인간은 한순간도 누군가가 돌보아주지 않으면, 스스로 살아남을 수 없는 연약하기 짝이 없는 상태로 태어나는 것이다.

　그럼에도 불구하고, 인간은 다른 어떤 생명체와도 비교할 수 없는 능력을 갖췄다. 사람은 성장하면서 걸어 다닐 수 있게 되고, 단련을 통하여 강인한 체력과 정신력을 기른다. 자신이 누구이며, 그를 둘러싼 환경이 무엇인지에 대해서 아는 능력, 새롭고 어려운 문제에 부딪혔을 때 이를 해결할 수 있는 능력, 이웃 사람들과 더불어 같이 살아갈 수 있는 능력 등은 인간만이 가진 값진 능력이다.

인간이 인간으로서 살아갈 수 있는 것은 바로 이러한 능력을 갖추고 있기 때문이다. 인간은 연약하기 짝이 없는 존재로 태어나면서도 이러한 능력을 갖출 수 있는 것은 잠재능력을 가지고 태어나기 때문이다. 사람은 잠재능력을 갖춘 존재라는 것을 인정할 때, 사람의 능력은 순전히 잠재능력을 키움으로써 형성되는 것이라고 볼 수 있다. 즉, 능력을 최대로 키우려면 잠재능력을 잘 계발해야 한다는 것을 쉽게 생각할 수 있다.

♣ 적용 ♣

① 자녀와 많은 대화를 나누면 잠재능력을 찾을 수 있다.
② 평소에 즐겨 쓰는 말과 행동이 무엇인지 기록해둔다.
③ 어떤 놀이에 관심이 많으며, 즐기는지 눈여겨 둔다.

3. 전뇌교육은 성공의 지름길

　뇌는 사람이며, 사람은 뇌다. 그래서 뇌교육이 무엇보다 중요한 이유는 인간이 가진 뇌의 잠재성이 무한하기 때문이다. 한 생명은 천하를 주고도 바꿀 수 없다. 인간은 누구나 영재성을 갖고 태어난다. 학자마다 다른 견해를 보이고 있지만 유전적 요인의 차이는 뇌가 지닌 잠재성에 비해 아주 작은 영향을 미칠 뿐이다. 다시 말하면 자녀 모두가 스스로 원하는 미래를 꿈꾸고 현실 속에서 실현할 수 있는 성장력을 이미 뇌 속에 갖고 있다는 것이다.

　2000년 노벨의학상을 수상한 정신과 의사이자 신경생리학자인 에릭 켄달은 그의 저서 『The Principle of Neural Science』에서 인간 뇌의 기억량은 무한대이며, 기억의 양을 증가시키고 잘 활용하기 위해서는 개인의 정서적 작용이 중요하다고 역설하였다. 즉, 기억을 저장하고 활용하는 능력은 개인의 동기나 집중력에 따라 상당량 증가할 수 있다.

　교육의 본질은 가르친다는 것보다 잠재된 능력을 끌어내는 데 있다. 즉 자녀의 뇌가 가진 무한한 가능성을 일깨워주고, 올바른 정보를 선택하고 활용할 수 있는 두뇌습관을 길러주는 것이다. 몸과 마음, 의식이 한창 성장하고 있는 자녀들이 뇌를 친근하면서 소중한 존재로 인식하게 해야 한다. 이를 통해 뇌의 가능성을 믿기 시작할 때 자녀들의 미래는 달라질 것이다.

자신의 뇌가 가진 무한한 잠재성을 믿고 자녀 스스로 '나는 무엇이든 할 수 있다'고 자신감을 갖도록 말과 행동으로 나타낼 수 있어야 한다. 부모는 자녀의 뇌에 '하면 된다'는 가능성의 스위치를 켜두는 것이 중요하다. 이와 같이 전뇌교육이 자녀들에게 절실한 이유는 뇌가 가진 진정한 가치가 무한대이며 하고자 하는 긍정적인 자녀에게 무궁무진한 창의성 계발로 나타나게 된다. 꿈은 이루어진다. 큰 꿈은 크게, 작은 꿈은 작게 이루어질 뿐이다.

♣ 적용 ♣

① '나는 할 수 있다', '하면 된다'는 자신감을 넣어준다.
② 말이 씨가 된다. 그러므로 큰 꿈을 갖도록 한다.
③ 생각이 씨가 되기도 한다. 그러므로 큰 생각을 하게 한다.

4. 전뇌교육으로 성공한 천재들

　에디슨은 99%의 노력과 1%의 영감을 천재의 조건으로 달고 있다. 결국 에디슨의 성공도 우뇌에서 순간적으로 떠오르는 생각을 버리지 않고, 분석하며 논리적으로 좌뇌에 저장하는 노력이라고 볼 수 있다. 타이어를 발견한 위인도 마찬가지다. 실험을 거듭하던 어느 날 우연히 엎질러진 물질이 고무성분을 단단하고 굳게 만드는 것을 발견하고 그것을 응용해 타이어를 만들었다고 한다.

　상대성원리를 발견해 세계를 깜짝 놀라게 했던 아인슈타인이나, 컴퓨터로 문화혁명을 선도하고 있는 빌 게이츠 역시 마찬가지다. 빌게이츠의 경우 컴퓨터에 대한 연구를 거듭하는 과정에서 얻어진 산출물이 오늘날의 마이크로소프트로 성장할 수 있었던 것이다.

　분명한 사실은 사람들의 관찰력과 기초학문에 대한 토대를 길러줄 수 있는 다양한 분야의 학문을 접할 수 있도록 전뇌교육을 시켜야 하는 것이다. 피타고라스는 철학자이며 수학자였다. 미켈란젤로도 화가, 건축가, 시인이기도 했다. 다중지능의 선구자 괴테의 직업은 배우, 연출가, 과학자 그리고 작가까지 다양한 분야에서 탁월하게 재능을 보여주었다.

창의성은 한 분야만 고집해서는 안 될 일이다 특정분야에 탁월한 재능을 지닌 학생이라면 다른 분야에 대한 기초지식을 튼튼히 길러주어야 한다. 전뇌교육을 통하여 다양한 학문에 대한 기본교육을 충실히 한다면 전공분야를 더욱 잘할 수 있게 될 것이고 예상하지 못했던 돌발문제도 지혜를 발휘해 극복함으로써 지, 덕, 체가 겸비된 조화롭고 창의적인 인간으로서 성공할 수 있을 것이다.

♣ 적용 ♣

① 과제 집착력이 길러지도록 한 가지 일에 집중하는 습관을 기른다.
② 우뇌와 좌뇌를 고르게 활용할 수 있는 교육자료를 사용한다.
③ 창의성을 계발할 수 있는 전문공간(창작공간)을 만들어준다.

5. 세 살의 뇌 학습이 여든까지 간다

　사람의 학습은 뇌를 매개로 한다. 뇌는 감각계를 통해 자극을 받아들이고 운동계를 통해 처리한 정보를 표현하는 순환구조를 발달시킴으로써 자신의 학습능력을 향상시킨다. 뇌 발달은 생물학적 반응기인 초기운동계를 지나면서 감각계, 운동계, 인지계의 순서로 발달해간다.

　교육학자인 글렌 도만 박사에 따르면, 뇌는 연수와 색(索), 뇌교, 중뇌, 발생기피질, 원시피질, 초기피질, 성숙피질의 7단계로 발달해가며, 뇌 발달의 회로를 순간적으로 완성해주는 것이 뇌 장애의 예방과 치료는 물론 영재를 위한 뇌교육의 기초가 돼야 한다고 강조했다.

　학습능력은 '학습지도(學習地圖)'에 의해 좌우된다. '학습지도'는 스스로 창의적으로 학습해갈 수 있는 뇌 학습 시스템이다. '학습지도'는 표현 가능한 자극과 수용의 반복훈련을 통해 만들어진다. 대개 '학습지도'는 6세 이전에 완성되며, 이 시기에 만들어진 '학습지도'가 자녀의 일생을 좌우한다. 세 살 버릇이 여든 가는 셈이다. 훌륭한 '학습지도'를 갖기 위해서는 뇌 발달의 시기와 과정에 맞는 적절한 학습방법이 필요하다. 이를 위해 자녀의 생태에 맞게 자아 본능으로부터 본성에 이르기까지 단계별로 잘 설계된 학습과 훈련이 필요하다.

무엇보다 철저하게 학습자 중심이어야 한다. 그다음 활용가치가 높은 양질의 교육정보와 선한 자극이 필요하다. 태교 시기에는 충분한 휴식과 영양공급이 필요하며, 엄마의 개성이나 형편은 철저하게 무시된다. 0~1세의 영아기에는 초기운동계를 중심으로 충분하게 수면을 취하며, 1~3세의 유아기에는 감각계와 운동계를 충분히 활성화해주고, 3~6세의 아동기에는 다양한 놀이와 언어체험 등을 통해 운동계와 인지계의 발달에 힘써야 한다.

자녀가 흥미를 갖게 하는 훌륭한 '학습지도'를 만들어주는 것은 공부를 위해서 뿐만 아니라 자녀의 인격형성과 장래를 위해서도 중요하며, 타고난 영재성을 잘 발휘하기 위해서도 대단히 중요하다. 첫 단추를 잘못 맞춘 '학습지도'는 교정이 쉽지 않다. 훨씬 더 먼 길을 돌아가야 한다. 잘못 만들어진 '학습지도' 못지않게 정돈되지 않은 '학습지도'도 문제다. 훌륭한 '학습지도'는 자녀로 하여금 학습능력을 극대화하게 할 뿐만 아니라 끊임없이 영재성을 살리고, 공부를 스스로 재미있게 할 수 있게 해주며, 부모와 자녀의 삶을 행복하게 한다.

♣ 적용 ♣

① 일주일 단위로 학습지도(study map)를 자녀와 함께 만들어본다.
② 잘한 것은 칭찬하고, 잘 못한 것은 잘할 수 있도록 격려한다.
③ 특이한 영재성이 나타나면 크게 칭찬을 하고 기록한다.

6. 뇌는 노력과 신념에 따라 움직인다

자기분야에서 성공한 사람의 대다수는 자신의 노력과 신념을 성공의 요인으로 꼽는다. 그들은 하나같이 밥 먹고, 잠자고, 노는 것도 잊어버릴 만큼 그 일을 좋아했다. 때로는'미쳤다'는 소리를 들으면서도 그 일에 집착하면서 즐겁고 행복했다고 말한다.

이와 반대로 성공하지 못한 사람들은 대개 그럴 수밖에 없었던 조건과 주변환경을 들어 자신을 합리화한다. 때로는 충분히 해낼 수 있고 그럴만한 자격이 있었지만, 형편없는 주변환경과 사람들 때문에 성공할 수 없었다며 장황한 이유로 변명한다.

마찬가지로 학업성취도가 높은 집단일수록 자신의 신념과 목적의식, 열정과 노력을 성취의 동기와 원인으로 꼽는 반면, 열등한 집단일수록 조건과 주변환경을 앞세우는 경우가 더 많다는 연구보고가 있다.

천재적인 물리학자 아인슈타인, 피아니스트 아르투르 루빈스타인, 수학천재 라마누얀, 노벨상 수상 경제학자 개리 베커, 물리학자 리처드 파인만 등은 보통의 아이들에 비해 말하는 능력이 늦었다고 한다. 조선 최고 학자인 퇴계 이황도 당시로는 한참 늦은 8세 때 서당 글을 배우기 시작했다.

머리가 좋은 사람, 조건과 환경이 나은 사람보다는 자신의 행위에 대한 신념과 열정이 넘쳐나는 사람이 높은 학업성취도와 성공의 열쇠를 거머쥐는 경우가 더 많았다. 결국 지능이 성공을 결정하며 행복의 조건은 아니라는 이야기다.

자녀의 모자람, 불균형 성장을 여유 있게, 보다 멀리, 크게 바라보는 부모의 지혜가 필요하다. 어떤 경우에도 인간의 뇌와 지능이 인간의 욕구와 희망을 좌절시킨 경우는 없기 때문이다. 인간의 뇌는 냉정하고 신속하다. 불의의 사고로 신체의 일부를 잃어버리게 될 경우에 인간의 뇌는 그와 관련된 기능을 망상활성화 체계에서 걸러내 버리고 새롭게 출발한다. 즉, 새로운 사고와 행동유형을 전개하면서 인간의 뇌는 빠른 속도로 정상적인 활동을 유지하기 위한 시스템을 새롭게 만들어낸다.

인간의 일상적인 인지, 사고, 행동의 배후에는 '마음'과 '뇌'가 있다. 다시 말해 인간은 그러한 '마음'과 '뇌의 해석틀'을 벗어날 수 없는 존재다. 그렇다고 해서 뇌가 인간의 성장과 발달, 욕구와 행복을 좌우하거나 결정하지는 못한다. 오히려 인간의 마음과 몸, 신념과 행동, 즉 마음이 '뇌의 질'을 결정한다.

자녀의 두뇌를 충분히 활용할 수 있도록, 공부할 수 있는 머리로 뇌를 학습하는 것이 중요하다. 그리고 질 높은 뇌 만들기를 위한, 보다 여유 있는 부모의 행동전략이 필요하다. 영재는 태어나기도 하지만, 부모와 자신의 노력과 정열 등 환경에 따라 길러지기도 하기 때문이다.

♣ 적용 ♣

① 분야별 성공한 위인들을 검색해본다.
② 자녀의 공부방 환경개선을 자녀와 의논해본다.
③ 자녀의 호기심이 무엇인지 관심을 갖는다.

7. 노력은 뇌를 발달시킨다

　인류의 발전은 모든 사람의 노력으로 점진적으로 이루어졌다기보다는 천재들에 의해 불연속적으로 일어난 것 같다. 에디슨이나 라이트 형제가 없었다면 우리는 아직도 라디오도 비행기도 없는 시대에 살고 있을지 모른다. 우리는 이런 천재들의 뇌가 도대체 어떻게 생겼는지 궁금하지만 이들의 뇌를 조사할 기회는 매우 드물다.

　아인슈타인은 수학의 천재였지만 다섯 살이 되어서야 말을 하기 시작했고, 국어성적은 언제나 하위권이었다. 그는 76세에 복부의 대동맥 파열로 사망했는데 생전에 자신이 사망하면 자신의 뇌를 연구해도 좋다고 했기 때문에 가족들은 부검을 허락했다. 이에 병리학자 하비는 그의 뇌를 적출하여 보관하였고, 캐나다 맥마스터 대학의 위텔슨 교수팀은 그들이 연구용으로 갖고 있던 정상인들의 뇌와 아인슈타인의 뇌를 비교 분석하게 됐다. 그들이 발견한 사실은 이렇다.

　우선 아인슈타인의 뇌 무게는 1,230g으로 보통사람과 차이가 없었다. 특이하게도 뇌의 두정엽(마루엽)이란 부분이 정상인보다 15% 정도 더 넓었다. 뇌의 구조를 살펴보면 뇌의 앞부분인 전두엽과 옆 부위인 측두엽을 가르면서 뻗어져 있는 '실비우스구'라는 경계가 있다.

또 뇌의 부위 중에 두정엽이라는 곳이 있는데 두정엽 앞쪽에서 위아래로 뻗어져 있는 '후중심선'이 있다. 보통인간의 뇌는 실비우스구와 후중심선이 마주치지 않도록 되어 있다. 그런데 아인슈타인의 뇌는 이 실비우스구와 후중심선이 그대로 연결돼 있기 때문에 두정엽 아래 부위가 넓어진 것이다.

이는 위텔슨 교수도 한 번도 본 적이 없는 기형적인 모습이라는 것. 이 넓어진 부위는 인간의 기하학적 공간구성 및 계산능력을 담당하는 곳에 해당된다. 결국 그의 비상한 수학적 능력은 이러한 기능을 담당한다고 생각되는 뇌의 부위가 보통사람에 비해 월등히 크다는 사실과 관련이 있을 것 같다. 반면 보통사람과 같은 크기의 뇌에서 특정부분이 커졌다는 이야기는 그만큼 다른 뇌의 기능, 예컨대 언어능력의 부족함을 설명할 수 있을 것 같다.

사실 뇌의 크기나 모양이 그 사람의 재능과 반드시 연관되는 것은 아니다. 이보다는 효과적인 뇌신경의 연결이 지능에는 더욱 중요하다. 그러나 아인슈타인의 뇌가 워낙 특이하게 생겼고 아인슈타인은 너무나 천재였기에, 역시 뛰어난 천재의 뇌는 뭔가 다르구나 하는 생각이 드는 것은 어쩔 수 없다.

이전에 사람들은 머리가 크고 뇌수가 무거울수록 머리가 좋다고 하였지만 사실은 그렇지도 않다. 지금까지 관찰한 가장 무거운 뇌수의 무게는 2,012g이었는데 이 사람은 치보였다. 한편 러시아의 유명한 작가 투르게네프의 뇌수무게가 2,014g이었다면 이름난 소설가 프랑트의 뇌수는 1,017g밖에 안 된다. 이러한 자료는 뇌수의 무게나 머리의 크기가 지력의 발전수준을 결정할 수 없다는 것을 의미한다.

학자들은 여러 가지 연구를 거쳐 이미 머리가 좋고 나쁜 것은 유전

인자와 많이 관계된다는 것을 밝혀냈다. 동물실험에서는 지력에 영향을 미치는 중요한 요인이 후천적인 훈련이라는 것을 증명했다. 훈련하면 뇌수세포의 리보핵산 함량이 훈련 전보다 평균 10% 더 높아지게 된다. 리보핵산은 특수기능을 하는 단백분자를 생성하게 하는데 이런 단백분자들은 신경세포들을 연결시키는 복잡한 그물을 형성하여 여러 가지 정보를 전달한다. 이 그물의 바람직한 형성에 따라 머리가 좋은가 나쁜가를 결정하게 된다고 한다. 다시 말하면 사람들의 머리가 좋은가 나쁜가 하는 것은 뇌 조직, 뇌의 화학, 뇌 정보 등 3개 인자의 결합에 의하여 결정된다.

그러므로 좋은 머리를 가짐에 있어서 이 세 가지 인자의 활성을 높이는 것이 가장 중요하다. 이 세 가지 인자의 활성을 높이는 데서 기본은 머리를 늘 쓰는 것이다. 즉 머리는 쓰면 쓸수록 좋아진다는 것이다. 또한 우리는 영양성분을 섭취하는 것으로 머리를 좋아지게 할 수도 있다. 어떤 사람들은 머리를 고치는 약이 없다고 하지만 몸을 건강하게 하는 영양 식료품이 있듯이 몸의 한 부분인 뇌를 좋아지게 하는 영양성분도 있기 마련이다.

영양성분은 뇌에서 무수한 신경세포들의 결합을 믿음직하게 담보하는 중요한 요인의 하나다. 그중 불포화지방산의 작용이 가장 크다. 연구자료에 의하면 식생활에서 뇌를 좋게 함에 있어서 불포화지방산이 부족하고 뇌의 작용을 촉진하는 사탕을 지나치게 먹는 데서 그 피해가 크다는 것이 밝혀졌다. 뇌에 대한 불포화지방산의 작용이 얼마나 중요한가 하는 것은 다음과 같은 사실로 잘 알 수 있다.

야생 소가 집 짐승으로 되는 과정에 뇌수의 질량이 약 30%나 감소되었는데 그 원인은 집짐승화되는 소의 먹이에 불포화지방산이 부족하였기 때문이라고 한다. 또한 당분을 지나치게 많이 먹는 것은 식생활에서 가장 큰 악습이다. 뇌세포의 기능을 높이는 영양소들로는 불포화지방산 외에도 여러 가지가 있다. 사람의 몸에서 첫째가는 영양소인 단백질, 그리고 탄수화물, 비타민 B, C, E, 칼슘 등은 모두 뇌세포의 기능을 높이는 영양소들이다.

대뇌신경에서 약 **60%**는 불포화지방산으로 되어 있다. 사람의 몸에서 첫째가는 영양소는 단백질이지만 뇌의 첫째 영양소는 불포화지방산 즉, 구조지방이다. 보통 지방이라고 하면 비계를 생각하게 되는데 구조지방은 콜레스테롤과는 전혀 다른 형태의 지방을 말한다. 말하자면 구조지방은 몇 개 지방성분의 복합체로서 뇌, 간을 비롯한 내장과 근육세포에만 있다.

대다수의 구조지방은 몸 안에서 만들어내지 못하므로 음식물에서 섭취해야 한다. 구조지방에서도 중요한 것이 있는데 바로 불포화지방산과 리놀산, 리놀렌산이다. 식물성 식료품들로는 뇌신경을 튼튼히 해줌으로써 주의력을 긴 시간 집중하게 할 수 있는 호두나 검은깨, 밤, 기장쌀, 대추, 바다나물, 잣, 땅콩, 수박씨, 호박씨, 해바라기씨, 은행씨를 비롯한 나무열매와 씨, 동물성 식료품으로는 멧돼지, 산토끼나 물오리, 메추리, 참새를 비롯하여 야생조류의 고기와 알, 물고기 등이 있다.

배추는 신경과민 상태를 없애고 홍당무는 뇌수의 물질대사를 촉진하며 기억력을 증진시켜준다. 그리고 양파는 피를 엉키지 않게 하여 뇌수에 대한 산소공급을 개선해주므로 지나치게 긴장하거나 정신적으로 피로할 때 매일 반 개씩 먹는 것이 좋다. 생강도 양파와 같은 작용을 한다. 그리고 딸기는 몸과 마음을 안정시키고 기분상태를 좋게 해준다. 한 번에 150g 이상을 먹는 것이 바람직하다.

들쭉은 뇌수에 피 공급을 개선시키므로 오랫동안 학습할 때 그 열매를 자주 먹거나 즙을 만들어 먹는 것은 좋다. 하지만 물에 타서는 마시지 말아야 한다.

♣ 적용 ♣

① 자녀와 함께 시장을 보고, 음식을 만들어본다.
② 시장을 가기 전에 식단을 짜고, 구입품목을 자세히 적는다.
③ 식품에 따른 영양소를 이야기하며, 좋은 점을 이야기해준다.

8. 뇌 발달에 적절한 수준별 교육

　적절한 교육이란 "뇌 부위의 발달시기와 특성에 맞춰 교육의 종류와 질을 결정하자는 것"으로 "3~6세 때에는 주로 앞쪽에 있는 전두엽이 발달하는데, 이 시기에는 보고, 듣고, 말하는 감각기관을 중심으로 한 종합적인 판단능력과 도덕성을 키워나가야 한다"라는 것이다.

　부모들이 가장 관심을 갖고 있는 언어학습능력은 그 이후 발달하는 측두엽의 지배를 받는데 보통 12세까지 이어진다. 외국어 능력을 향상시키기 위해서는 이 기간을 적절히 활용해야 하는데 일부 학부모들이 이러한 과정의 고려 없이 자녀들에게 강제적으로 조기 외국어교육을 시키는 것은 비과학적인 교육 관행으로 전문가의 지도 조언이 필요하다.

　이처럼 잘못된 교육이 성행하고 있는 것은 뇌 기능에 관한 지식이 턱없이 부족했기 때문이다. 뇌 안에서 무슨 일이 일어나는지, 이해를 못하는 상황에서 교육을 실시하다 보니, 외국어교육은 물론 교육정책 전반에 걸쳐 자녀들의 뇌 발달과정에 근거한 효율적인 교육제도가 조속히 마련되어야 할 것이다.

로마는 하루아침에 이루어지지 않았다.

♣ 적용 ♣

① 공인된 영재교육 전문기관에서 자녀를 교육시켜야 한다.
② 전뇌교육 과정을 이수한 선생님에게 자녀교육을 맡긴다.
③ 담임선생님과 자녀의 교육에 대하여 대화를 나누고 기록해둔다.

9. 기억에도 여러 종류가 있다

　머리로 하는 기억만이 기억은 아니다. 사람에게는 몸으로 익히는 기억도 있다. 어린 시절에 즐긴 축구나 농구는 좀처럼 잊어버리지 않는다. 오랫동안 하지 않아도 일단 공을 잡으면 이전의 기억이 되살아난다. 이것은 머리로 외우는 기억이 아니라 몸으로 익히는 기억이다. 물론 손이나 발 그 자체에 기억하는 기능은 없으므로, 그것 또한 뇌의 어딘가에 들어가 있는 기억의 하나이다. 그 시스템의 불가사의는 우리의 호기심을 놓아주지 않는다.

　만약 기억 시스템이 밝혀지면 보다 많은 기억을 할 수 있는 방법이 발견될지도 모른다. 보다 많은 것을 기억하지 못할지라도, 필요한 기억과 그렇지 않은 기억을 선별할 수는 있을지 모른다.

　미국에 심한 간질발작으로 고생하는 젊은 청년이 있었다. 그는 치료를 위해 병원을 찾았고, 진단결과 해마 주변의 상당히 넓은 범위를 절제하는 수술을 받았다. 그런데 그 직후 환자의 기억이 사라졌다. 그는 담당의사의 이름도 잊었을 뿐 아니라 화장실 가는 길도 잊었고, 과거 2~3일 전의 일도 기억하지 못했다. 중도의 기억장애에 빠진 것이다. 그는 외견상 정상인과 다를 바 없었다. 신문도 읽고 타인과 이야기도 나누었다. 또한 기억상실로 지능이나 인격이 바뀐 흔적도 보이지 않았다. 오히려 지능지수는 상승되었다. 단, 신문을 읽은 사실도 잊고, 타인과 이야기 나눈 일도 모두 기억에 남아 있지 않았다. 집주소와 길도 전혀 기억하지 못했다.

그런데 불가사의한 일이 일어났다. 일이 일어난 바로 직전이나 1~2일 전의 기억은 모두 사라졌지만 그 이전의 기억은 선명하게 기억하고 있었다. 이것으로 해마가 파괴되면 새로운 일은 기억하지 못하지만 상당히 이전의 기억은 남아 있음이 증명되었다. 의학적으로 이것이 순수 기억장애다. 그 후 기억상실과 해마와의 관계, 더 나아가 측두엽과의 연관성 등의 연구가 정열적으로 진행되고 있다. 언젠가 그 연구성과에 따라 기억상실의 수수께끼가 풀리고, 기억과 뇌의 더 많은 비밀이 밝혀질 것이다.

♣ 적용 ♣

① 신체의 감각을 이용한 체험을 통한 학습을 선호하도록 한다.
② 자녀의 머리는 물론 신체에 아픈 상처를 내지하게 한다.
③ 천하를 주고도 바꿀 수 없는 귀한 존재임을 인식 말아야 한다.

10. 적절한 뇌 활용하기

뇌는 쓰면 쓸수록 좋아진다고 하지만 지나치게 사용하면 역효과가 날 수 있으므로 적절하게 활용하는 기술이 필요하다. 뇌는 흥분전도를 위해 신경전달 물질이 신경세포 말단에서 나오면 일부는 다음 신경세포막에 있는 수용체에 결합해 흥분을 전달하고, 일부는 자기의 신경세포 말단에 있는 수용체에 결합해 신경전달 물질의 방출량을 자동 조절하게 된다. 신경전달 물질이 많이 나오면 자기 신경섬유 말단에 있는 이 수용체가 거꾸로 자극되어 억제하게 되며, 적게 나오면 이 수용체가 억제되어 증가하게 된다.

이렇게 거꾸로 작용해 기능을 조절하는 것을 되먹이기(피드백)라고 하며, 이 수용체를 '자동조절하는 수용체'라는 의미에서 자가수용체라 부른다. 자가수용체는 신경전달 물질량을 자동으로 조절해 그 양을 일정하게 유지하는 장치이며, 대부분의 신경계가 가지고 있다. 그러나 드물게 자가수용체가 없는 신경계도 있다.

사고, 판단, 창조와 같은 인간만이 가진 고도의 지적활동을 총괄하는 뇌 부위인 전두엽은 주로 열 번째 A 신경핵인 A10 도파민 신경섬유로 구성되어 있다. 그런데 이 도파민 신경섬유 말단에는 자가수용체가 없다. 따라서 정보는 계속 한 방향으로만 흐르게 된다.

A10 도파민 신경계가 활성화하면 정보전달이 더욱 원활해지면서 끝없이 이루어져 창조와 인간정신 창출이 무한히 이루어질 수 있다. 즉, 창조가 창조를 낳게 되어 쓰면 쓸수록 머리가 좋아지는 것이다. A10 도파민 신경계의 기능이 선천적인 것인지 후천적인 노력으로 발달시킬 수 있는 것인지는 확언할 수 없으나, 분명한 것은 이 신경계는 앞에서 말했듯이 기능의 과다를 막는 장치인 자가수용체가 없기에 쓰면 쓸수록 발달한다는 것이다.

그러나 전두엽에서 도파민 과잉활동은 창조를 촉진할 수도 있지만 정신분열을 일으킬 수도 있다고 한다. 현재 정신분열병은 도파민 신경계의 과잉활동이 주요요인이라고 알려져 있다. 정신분열병에서는 상황에 맞지 않고 비합리적이며 제어되지 않는 사고의 비약이 자유롭게 나타난다. 결국 천재와 광인은 뇌를 적절하게 활용하는 것에서 출발한다고 볼 수 있다.

♣ 적용 ♣

① 자녀가 싫어하는 것은 억지로 시키지 않는다.
② 학습 후에는 꼭 휴식을 하되 게임처럼 뇌를 혹사시키면 안 된다.
③ 뇌를 활용한 후에는 휴식다운 휴식이 되도록 한다.

II. 뇌의 학습 리듬을 바로잡자

우리 주변에는 하나를 들으면 열을 아는 사람이 있는 반면, 열을 들어도 하나를 기억 못 하는 사람이 있다. 사람의 재주와 능력이라 하면 지능을 떠올리기 쉽다. 지능은 이해, 추리, 연산 능력을 통해 종합하고 수치로 계량화한 것에 불과하다. 사람마다 지능의 차이는 있다. 우수한 사람이 있는가 하면 열등한 사람이 있다. 능력의 차이도 존재한다.

사람의 머리는 대체로 감각운동 인지기억에 축을 기준해서 유기적으로 상호작용한다. 말과 글을 듣고 읽을 줄은 알지만 그 뜻을 이해하지 못하는 감각성 언어장애인 베로니케 실어증이 있다. 반대로 말과 글을 이해하지만 말을 하고 글을 쓰지는 못하는 운동성 장애가 브로카 실어증이다. 이 둘은 신체 발성기관에는 이상이 없는 순수한 내부장애다.

감각운동 인지기억의 계통성은 대단히 중요하다. 이 계통성 여하가 그 사람의 뇌의 질을 결정하며 학습능력과 생명활동을 지배하기 때문이다. 뇌 학습지도는 뇌의 계통성에 관여한다. 감각운동 인지기

억을 축으로 하는 뇌의 기능영역은 다양하다. 대뇌피질은 뇌의 기능
영역을 담아내고 통제한다.

그렇기 때문에 공부를 돕는 천연각성제인 망상활성화 체계를 활
용해야 한다. 외부로부터 들어오는 모든 정보는 신체의 감각기관을
통해 척수를 거쳐 뇌줄기에 이르고, 여기에서 모인 정보는 다시 시상
을 거쳐 일차적으로 분석된 다음 최고 중추인 대뇌피질에 도달하게
된다.

그러면 최고 중추인 대뇌피질에서 최종적인 판단을 해서 필요한
명령을 다시 아래로 내려보내 적절한 행동을 하게 된다. 이때 거미줄
같은 수많은 전파섬유가 각성전파를 계속 보내 최고 중추인 대뇌피
질을 맑은 정신으로 깨어 있도록 하는데, 이 전파섬유를 망상활성화
체계(그물활성화 체계)라고 한다. 망상활성화 체계는 인간의 의식을
명료하게 유지해주는 각성제 역할을 한다.

예를 들면 우리가 조용하고 어두운 곳에 있을 때 감각정보가 감소
되어 자극이 줄어들면 망상활성화 체계는 피질의 흥분수준을 줄이고
곧이어 의식수준도 변화된다. 그래서 우리는 곧 잠이 들기도 하며, 잠
에서 깨어나면 망상활성화 체계는 피질의 흥분수준을 증가시켜서 각
성하게 된다. 그러나 우리가 졸거나, 잠을 자거나, 깨어 있거나, 아주
긴장되어 있거나, 무의식적이거나 하면 뇌간은 끊임없이 생명을 유지
하는 기능을 한다.

망상활성화 체계는 감각수용기에 들어오는 수천 가지 자극에 대해
멋진 여과기 역할을 하여, 우리가 적절한 자극에 주의집중을 하도록
해주고 있다. 망상활성화 체계는 배경정보를 배제하여, 옷의 촉감이

나 의자에 앉았을 때의 느낌과 같이 사소한 감각정보나 주의 산만요인을 걸러내어 준다. 이러한 망상활성화 체계 덕분에 우리는 비행기나 기차, 심하게 움직이는 버스에서 잠이 들기도 하고, 비행기 엔진소리가 바뀌거나, 종착역에 가까이 왔다는 소리에 곧 깨어나게 된다.

이와 같은 망상활성화 체계를 활성화시켜서 잘 유지하고 활용하면 다른 사람보다 더 밝고 맑은 정신과 각오로 공부를 잘할 수 있다. 이를 위해서는 몸과 정신의 휴식시간을 적절히 가지면서 뇌를 확실하게 쉬도록 해주어야 한다. 물론 신체의 오감(시각, 청각, 촉각, 후각, 미각)을 적절히 자극하고 활용할 필요가 있다.

♣ 적용 ♣

① 모든 사물을 의인화하여 오감을 통해 체험하도록 한다.
② 모든 사물과 대화를 통해 생명 존중의식을 길러준다.
③ 몸과 정신의 휴식을 생활리듬에 따라 적절하게 활용한다.

12. 뇌의 능력은 무한대이다

천재들의 뇌 무게를 보면 러시아의 문호 투르게네프가 2,012g, 독일의 재상 비스마르크가 1,807g이었다. 이것은 성인평균치의 1,200~1,500g보다 훨씬 무겁지만, 뇌의 무게와 높은 정신능력이 비례하지 않는다는 것이 뇌 과학자들의 견해다.

상대성이론의 제창자이며 노벨물리학상을 수상한 아인슈타인은 20세기 최고의 두뇌라 불리며 천재임을 자부했다. 그가 죽은 후 그 시체를 해부하기로 했을 때, 세계의 뇌 과학자들이 그의 뇌에 주목을 했으나, 보통사람의 것과 특별한 차이가 발견되지 않았다. 보통노인의 뇌와 비교한다면 다소 크고 노인 특유의 위축 정도가 작았을 뿐이었다고 했다.

계산의 달인은 우뇌에서 영상화하여 생각을 한다고 연구결과 보고되고 있다. 계산을 할 때는 확실하게 좌뇌를 사용한다. 그러나 계산의 달인은 아무래도 우뇌를 사용하고 있는 것 같다는 사실이 연구결과 밝혀졌다. 달인이 암산을 할 때 그는 우뇌에서 주판을 영상화하고, 뇌 속에서 주판을 가지고 계산한다고 했다. 천재라고 불리는 바둑이나 장기의 전문기사들도 그렇다.

국수들은 이론적으로 수를 생각하고 미리 앞의 수를 읽는다고 한다. 궁극의 논리세계이다. 그것은 명백하게 이공계의 세계이고 좌뇌의 세계처럼 생각된다. 그러나 현실적으로 국수들은 그들의 우뇌를 자유롭게 동원한다고 한다. 그들은 이론을 구축해서 장기를 두지만, 머릿속에서는 우뇌를 사용해서 판을 영상화하고 있기 때문이다.

아인슈타인도 마찬가지다. 물리학자이므로 당연히 좌뇌에서 생각하고 계산을 할 것으로 생각되겠지만, 실제로 학문상의 문제를 도형화해서 그 이미지를 가지고 사고했다고 한다.

사람의 뇌는 좌뇌와 우뇌가 완전히 분리되어 있지 않다. 좌우의 뇌는 거의 동시에 기능한다. 그렇게 생각하면 사람의 뇌 자체에는 문과계열도 이공계열도 없음을 알 수 있다.

좌뇌는 일반적으로 언어뇌라고 하며, 언어기능을 비롯해서 음이나 소리를 인식하는 일을 담당한다. 좌뇌는 숫자나 기호를 잘 인식하고, 읽기와 쓰기 그리고 계산하는 능력이 강하다. 이렇게 논리적 사고를 담당하는 것이 좌뇌다.

우뇌는 공간인식의 기능을 담당하고, 시각적 정보를 종합적으로 파악한다. 특히 감성적 세계, 이를테면 음악 등의 예술분야를 담당하고 있다. 그러므로 감성의 우뇌와 이론의 좌뇌가 얼마나 잘 협조해서 상호작용하는가, 그것이 문과계열이든 이공계열이든 성공하기 위한 전제조건이 되는 것이다.

인내는 쓰나 그 열매는 달다.

♣ 적용 ♣

① 공부하기 전, 한 자리 수의 가감승제를 통하여 뇌를 워밍업시킨다.
② 체조나 가벼운 운동으로 뇌에 학습준비를 예고해준다.
③ 숫자 세기와 다양한 머릿속 그림을 그려 좌·우뇌를 단련한다.

13. 성공장면을 반복하여 뇌에 입력하자

　사람이 무엇인가 행동을 하려고 할 때 정신적으로 안정이 되어 있으면 집중력을 발휘할 수 있다. 긴장하거나 당황해서 어떻게 해야 할지 모를 때 집중력은 바로 떨어지고, 본래 운동능력의 10분의 1도 발휘하지 못하는 경우도 있다. 이럴 때는 긴장한 사람을 말로 격려해도 효과는 높지 않다. 오히려 상대를 더욱 긴장시켜서 부담감을 줄 수도 있다. 그것은 우리들이 주변에서 흔히 느끼는 일이지만, 전문적인 프로 운동선수도 예외는 아니다.

　그럴 때 유효한 것은 말이 아니라 평상시의 이미지 트레이닝이다. 즉, 가능한 한 성공했을 때의 장면을 마음속에 그려보는 것이다. 시각은 많은 정보를 동시에 입수하고 의식해서 상상할 수 있다. 말로 듣는 청각의 정보보다는 시각정보가 더욱 가깝게 느껴진다. 이 점이 바로 뇌 속에 그림을 그리는 이미지 트레이닝이 조언보다 중시되는 이유라고 할 수 있다.

　사람은 누구나 기분 좋게 성공했던 체험이 있다. 그 성공체험을 마음과 몸이 평안할 때 머릿속에 그려둔다. 처음에는 그 이미지가 언제까지나 계속될 것이라고 믿어지지 않겠지만 그것을 몇 번이고 반복하는 사이에 성공체험이라는 이미지의 플러스(+) 기억이 형성되어 간다.

이렇게 되면 눈으로 성공체험과 비슷한 장면을 목격했을 때, 뇌와 몸이 반응해서 집중력을 높여주는 것이다. 이와 함께 성공체험만이 뇌 속에 그려져서 목표를 향해 매진할 수 있게 되는 것이다. 이것이 이미지 트레이닝의 원리다. 이미지 트레이닝은 짧은 시간으로 플러스(+) 기억이 발휘되는 것은 아니다. 몸과 마음 모두 편안한 상태에서 지속적으로 훈련을 거듭하면 효과를 크게 누릴 수 있다.

입시공부나 사업에서도 이미지 트레이닝 플러스(+) 기억을 효과적으로 발휘할 수 있다. 어떤 목적을 달성하려고 할 때 불안감을 해소하고 스스로 자신감을 만드는 것이다. 일종의 마인드 컨트롤(자기조절)이라고 할 수 있다. 주의할 것은 심신이 긴장되어 있거나 피로할 때 이런 훈련을 하면, 마이너스(-) 체험을 하게 되고, 그것이 부담이 되어 마이너스(-) 효과가 있게 되는 것이다.

♣ 적용 ♣

① 기분 좋았던 장면을 계속 떠올려본다.
② 칭찬받았던 장면을 생각하면서 또 칭찬받을 언행을 준비하자.
③ 칭찬받았던 타인을 생각하면서 나도 할 수 있다는 자신을 가진다.

14. 뇌 속의 도파민과 함께 여행을 하자

　기발한 재치와 창의성은 어린이로부터 어른에 이르기까지 누구에게나 있다. 이런 창의성과 재치는 대뇌피질의 전두엽이다. 대뇌를 옆에서 보면 가운데쯤에 위에서 아래로 굵은 주름이 지나고 있는데 그 앞부분이 전두엽이다. 전두엽은 고등동물일수록 넓다. 사람의 경우 대뇌피질 표면적의 32.8%를 차지한다. 그러나 그 전두엽이 번뜩이는 재치를 직접 낳는 것은 아니다. 전두엽에서 번뜩이는 재치를 유발시키는 것은 뇌간이다.

　뇌간은 척수와 대반구를 이어주는 대뇌반구의 간(幹)에 해당하는데, 그 중앙에 3열씩 좌우대칭으로 신경핵이 나열되어 있다. 그 수는 모두 40개나 된다. A10 신경에서 분비된 도파민은 우선 식욕이나 성욕을 지배하고 있는 시상하부에 들어가 좋고 싫은 감정을 가져다주는 편도핵, 참을 수 없다, 멈출 수 없다는 기분을 낳는 측좌핵, 기억을 담당하는 해마, 표정이나 태도와 관계가 있는 꼬리핵으로 진행한다. 그리고 도파민은 대뇌의 전두연합령에 이른다.

　이런 도파민의 뇌 속 여행은 사람들에게 여러 기능을 발휘시킨다.

그것은 기쁜 감정을 가져오고 의욕을 불러일으킨다. 특히 아무도 오르지 않은 산을 오르거나, 모험, 마라톤, 기도, 시험, 달리기, 경쟁 등과 같은 어려운 세계로 향할 때 용기와 의욕을 부여한다.

또한 도파민이 전두연합령에 분비되면 뇌는 한층 더 각성하고 계획을 세우는 힘이 향상된다. 그리고 도파민이 대량 분비되었을 때 전두엽은 새로운 것을 창조하거나 새로운 세계에 도전하는 쾌감을 가져다주는 것이다. 그 쾌감으로 떨리는 순간 사람은 생각지도 못한 창의성을 발휘하고, 모든 발상을 초월하는 재치가 번뜩인다. 그래서 자녀들이 좋아하는 친구와 함께 공부를 시키면 선의의 경쟁으로 두뇌는 좋은 폭발(브레인스토밍)을 하는 것이다.

위대한 예술가나 발명가 등 천재들은 이렇게 해서 번뜩이는 재치의 쾌감으로 고통과 고난을 순식간에 날려버리고 희열을 맛보는 것이다. 이 좋은 도파민은 모든 사람의 뇌에서 분비된다. 그러므로 우리 자녀들도 천재가 될 수 있다. 그 가능성은 충분한 것이다. 단 부모들은 자녀를 희망으로 삼고, 인내와 온유와 겸손 그리고 자녀들과 눈높이를 함께하며 대화하기를 게을리해서는 안 될 것이다.

머리가 좋아지려면 우선 뇌가 건강해야 한다. 뇌를 건강하게 하는데 가장 중요한 요소는 충분한 산소, 균형 있는 식사, 수면을 통한 휴식이다. 여기에 적절한 오감자극이 지속적으로 주어지면 뇌는 활동을 위한 최상의 조건을 갖춘 셈이다. 이런 상태를 유지하면서 계속해서 머리를 쓰는 것이 총명해지는 가장 확실한 방법이다. 머리는 적절하게 쓰면 쓸수록 좋아지기 때문이다.

각자무치(角者無齒)

뿔이 있는 자는 이가 없다. 한 사람이 모든 복이나 재주를 겸하지 못한다. 사람에게는 그 사람 고유의 특기나 재주가 있다.

 ♣ 적용 ♣

① 공부하는 도중 중간 중간 심호흡을 하며 산소를 공급한다.
② 아침 식사는 필수며, 적당량의 소식으로 건강과 체력을 유지한다.
③ 저녁 10시 이전에는 취침을 하여 7시간은 단잠을 자도록 한다.

15. 대뇌피질을 잘 다스리자

뇌의 가장 바깥 부분인 대뇌피질은 진화학적으로 뇌의 각 부위 중에서 맨 나중에 생긴 부분으로, 특별히 사람에게만 두드러지게 발달했기 때문에 '인간 뇌'라고도 부른다. 바로 이 부분에서 언어활동을 토대로 기억하고, 분석하고, 종합적으로 판단하고, 창의하는 인간 고유의 정신활동이 이루어진다.

뭔가를 기억하고 배울 수 있는 것은 모두 이 대뇌피질 덕분이다. 대뇌피질은 호두처럼 주름져 있는데, 위치에 따라 전두엽, 후두엽, 측두엽, 두정엽으로 구성되어 있다.

망상체의 역할은 전화교환원에 비유할 수 있다. 쉼 없이 교환업무를 하다 보면 전화가 폭주하여 교환업무가 제대로 이루어지지 않는 때가 생길 수 있다. 즉, 너무 많은 업무와 스트레스에 시달리다 보면 망상체의 판단기능이 마비될 수 있으므로 주의할 필요가 있다.

과도한 학습으로 망상체가 마비되었을 때는 잠시만이라도 학업에서 벗어나는 것이 효과적이다. 그리고 명상을 통해 뇌파를 느리게 하거나, 감동이 있는 영화를 보거나, 좋아하는 음악을 듣거나, 그림을 감상하는 것도 효과적이다. 이렇게 함으로써 카타르시스가 되면 피로로 기능이 마비된 망상체에 새로운 에너지가 샘솟게 된다.

청출어람(靑出於藍)
쪽에서 뽑아낸 푸른 물감이 쪽보다 더 푸르다. 제자나 후진이 스승이나 선배보다 더 뛰어남을 이르는 말이다.

♣ 적용 ♣

① 30~40분 학습에 10~20분 휴식을 철저히 지킨다.
② 휴식 중에는 육체적인 휴식과 정신적인 휴식을 동시에 갖는다.
③ 악기를 가볍게 두드리며 스트레스를 풀도록 한다.

16. 천재들의 전뇌 활동

　캘리포니아 대학의 자이델 교수는 수많은 실험결과, 위대한 천재들일수록 좌뇌와 우뇌가 서로 긴밀하게 교류한다는 사실을 밝혀냈다. 예전에는 위대한 인물들의 천재성이 좌뇌와 우뇌 가운데 한쪽의 기능이 탁월한 결과라고 생각했다.

　예를 들어 아인슈타인과 같은 예술가들은 우뇌기능만 뛰어난 것으로 본 것이다. 그러나 이런 천재들의 삶을 좀 더 자세히 살펴보면 다른 사실을 알 수 있다. 아인슈타인이 가장 많이 즐긴 취미는 공상이었다. 어느 여름날 언덕에 누워 자신이 우주 끝까지 태양광선을 타고 가는 공상을 했는데, 연구실에 돌아와 이 공상을 좀 더 논리적으로 정리할 필요가 있다고 생각하였다. 이 생각이 결실을 맺어 상대성이론이 탄생하게 되었다. 아인슈타인은 좌뇌와 우뇌를 두루 사용하는 가운데 놀라운 결과를 얻은 것이다.

　천재 화가인 피카소의 그림들은 우뇌의 기능이 특별하게 발휘된 결과라고 생각하기 쉽다. 그러나 그의 그림을 자세히 살펴본 학자들은 수학과 기하학이 적용되었다고 말한다. 수학과 기하학이 요구하는 좌뇌의 기능과 독창적인 예술세계를 창조한 우뇌의 기능이 조화를 이루어 그의 독특한 그림들이 나올 수 있었던 것이다.

좌뇌와 우뇌가 서로 교류하여 조화를 이루면 이처럼 뛰어난 능력을 발휘할 수 있다. 그런데 좌뇌와 우뇌를 조화롭게 사용하는 것은 아인슈타인이나 피카소와 같은 특별한 천재들만 할 수 있는 일이 아니다. 자녀들도 일상에서 우뇌의 직감을 통해 아이디어를 얻고 개념화하여 계획을 세우며, 좌뇌의 현실화 작업을 통해 구체적인 형태로 만들어주어야 한다.

뇌의 왼쪽은 습관화되어 활용하기가 쉽지만 오른쪽은 그렇지 못한 것이 일반적이다. 우뇌를 잘 활용할 수 있는 여러 가지 기술과 방법들이 있지만, 가장 중요한 열쇠는 바로 마음에 있다. 부모보다 자녀가 우뇌를 좀 더 손쉽게 활용하는 것도 바로 마음 때문이다. 즉, 우뇌가 활성화되는 데는 느긋하고 평안한 마음상태가 중요하다. 우뇌는 따뜻한 말 한마디, 애정이 담긴 인사 같은 단순한 행위를 통해 의외로 쉽게 열린다.

♣ 적용 ♣

① 공부하기 전에 체조를 하거나 노래를 부르면 뇌가 좋아한다.
② 아이디어가 떠오르면 바로 메모를 하고 지도를 받는다.
③ 연구하고 싶은 자료를 인터넷 검색으로 찾아 활용한다.

17. 자연을 통한 오감 뇌교육

자녀가 있는 위치와 환경에서 할 수 있는 단순한 자극을 바람직한 오감자극이라 할 수 있다. 청각으로는 바람 소리, 파도소리 등 자연의 소리와 할머니의 자장가에 귀 기울여본다. 맛으로는 자극성이 적은 담백한 자연의 맛, 깨끗한 물맛이 있다. 후각으로는 풀 향기나 은은한 차 향기와 꽃향기가 있다.

자녀가 원한다면 좋은 자극들에 익숙해질 수 있도록 반복적인 접촉을 할 수 있도록 노력해야 한다. 그러면 뇌에 낀 불순물이 씻겨 나가고 간뇌가 활성화되어 자녀의 뇌에 감추어진 잠재능력이 수면 위로 떠오르게 될 것이다.

생활의 달인들에 의하면 힘들고 고도의 훈련이 필요한 어려운 과정이지만, 일단 몸에 익으면 숨 쉬고 밥 먹는 것처럼 의식할 필요 없이 자연스럽게 몸과 마음을 움직일 수 있다고 한다. 공부도 마찬가지다. 몸과 뇌에 필요한 정보를 저장하기는 쉽지 않지만, 습관이 되면 두뇌활동이 자연스럽게 달인의 경지에 이르게 된다.

달인의 경우를 보더라도 아무리 뛰어난 재능이 있더라도 하루아침에 모든 것을 익힐 수는 없다. 천 리 길도 한 걸음부터라는 각오로 기초부터 하나하나 익혀야 한다. 공든 탑은 무너지지 않는다.

총명한 영재가 되기 위해서는 생활의 달인에게서 배워야 할 것이 바로 인내심, 온유, 겸손으로 성실하게 때를 기다리면 좋은 열매를 거두게 될 것이다. 로마는 하루아침에 이루어지지 않았다는 것을 명심해야 한다.

♣ 적용 ♣

① 차근차근 성숙할 기회를 제공한다.
② 감정을 조절하여 마음의 평정심을 갖도록 한다.
③ 발달단계에 맞는 환경을 꾸며준다.

18. 뇌가 좋아하는 음식

  버섯은 담백하고 은은한 향기와 맛을 가지고 있으며 주로 고급요리의 재료로 많이 이용된다. 90% 이상이 물이고 단백질 3% 이하, 탄수화물 5% 이하, 지방 1%, 그 외 소량의 무기염류・비타민 등으로 이루어져 있다. 뇌가 보유하고 있는 영양소와 거의 비슷하다. 단 뇌는 물이 70%, 단백질과 지방 순이다.

  과거시험 공부하는 집에서는 **"엿** 고는 단내가 난다"는 말이 있다. 과거시험 공부로 지쳐 있을 때 엿을 고아 먹으면 체력이 좋아지기 때문이다. 엿은 뇌가 왕성하게 활동하는 데 가장 중요한 영양소가 있기 때문에 기억력을 향상시키고, 에너지를 보충하며, 진액을 만들어주는 소중한 식품이다. 대궐에서도 최고의 영재교육을 받던 어린 왕세자에게 조청에 찍은 떡이나 엿을 먹게 한 후 공부에 임하도록 했다는 것이다.

  검은 깨에 많이 들어 있는 인지질인 레시틴은 뇌를 이루는 중요한 성분으로 특히 기억력과 깊은 관련이 있다. 그러므로 머리를 많이 쓰는 수험생이나 정신노동을 많이 하는 사람은 검은깨가 들어간 아침을 먹는 것이 좋다. 검은깨로 죽이나 강정을 만들어 먹는 것도 좋은 방법이다. 검은깨 이외에 레시틴이 많은 음식으로는 콩, 두부, 된장, 청국장, 호두, 잣이 있다.

시험공부로 쌓인 스트레스를 푸는 데는 **연근**이 좋다. 스트레스 해소를 위해서는 연근을 익히지 말고, 날 연근에 식초를 뿌려 먹는다. 연근을 자르면 자른 쪽부터 검게 변하는데, 이것은 연근에 타닌이 있기 때문이다. 타닌은 위장을 튼튼하게 해준다. 또 연근에는 식물성 섬유도 많아 콜레스테롤을 제거하는 작용을 한다.

구기자차는 두뇌를 명석하게 하고 시력을 좋게 하며, 근기를 강하게 하는 데 효과적인 식품이다. 구기자를 손에 쥐었을 때 찐득찐득하게 달라붙는 것보다는 약간 달라붙으며 크고 붉은색을 띤 것이 좋다. 수험생이나 정신노동을 많이 하는 사람들은 가정에서 좋은 구기자를 골라 주전자에 넣고 달여 자주 마시면 머리도 맑아지고, 눈의 피로회복에도 도움이 된다.

창포는 위를 튼튼하게 하는 약으로 널리 알려져 있지만, 중국에서는 정신을 맑게 하고 뇌를 건강하게 하는 약으로도 유명하다. 정신을 맑게 해 기분을 안정시키고 두뇌활동을 원활하게 해 건망증과 기억력 감퇴를 예방하는 데 좋다. 창포는 겉껍질에 주름이 많을수록 품질이 좋은 것으로 친다. 물과 함께 달여 음료수처럼 마시면 머리가 맑아진다.

원지라는 이름에는 뜻을 오래도록 간직한다는 의미가 있는데, 이름처럼 기억력 증강과 건망증의 치료에 널리 쓰이는 약재이다. 원지는 매운 성분이 있어서 많이 만지기만 해도 매운 느낌이 전해진다.

기억력과 집중력을 높이기 위해서는 과식하지 않는 것이 중요하다. 먹은 음식을 소화시키기 위해 뇌로 올라가야 할 혈액이 위장으로 모이기 때문이다. 그러므로 배가 부르지 않고 뇌의 왕성한 활동을 도울 수 있는 음식을 먹어야 하는데, 이러한 음식으로는 **산약죽**이 최고다. 동의보감에 산약은 허약한 것을 보하고, 심장의 기능을 좋게 해주며, 뇌와 신경기능을 튼튼히 해준다고 나와 있다. 산약죽을 따뜻하게 해서 자주 먹으면 수험생들의 뇌 기능이 활발해져 공부하는 데 많은 도움이 된다.

♣ 적용 ♣

① 엿과 과일에 함유된 자연당분을 먹게 한다.
② 초콜릿, 사탕, 설탕 같은 인공당분은 삼간다.
③ 엿기름으로 만든 식혜를 마시도록 한다.

19. 사용할수록 커지는 잠재력과 집중력

에머슨은 잠재력을 '본능'이라고 불렀다. 어떤 생각이나 행동도 본능에 순종하고, 생각보다는 본능이 더디 나타남에 화내지 말고, 참고 기다리는 것이 현명하다. 이 본능을 인생의 모든 방면에 이용하는 것이 참다운 지혜다. 모든 경우에 있어서 우리는 우선 본능의 지휘에 순종하는 습관을 붙여야 한다.

본능의 힘은 사용할수록 커진다. 본능의 힘은 이용할수록 커진다. 이 세상에서 본능의 힘을 100% 다 써본 사람은 없을 것이다. 그만큼 잠재의식의 힘은 거의 무한대인 것이다. 성경에 있는 것처럼 구하면 얻을 것이고, 찾으면 찾을 것이고, 두드리면 열릴 것이다. 이 잠재의식이 지니고 있는 특질로는 직감, 감정, 확신, 영감, 암시, 추리, 상상, 조직력, 기억, 에너지 등을 들 수 있다.

프랑스의 에메르 쿠는 '암시의 힘'을 세상에 처음으로 밝힌 사람이다. 그는 "상상력은 의지력보다 훨씬 힘이 강하다"라고 말하고 있다. 이 두 가지 힘이 싸우게 되면 언제나 상상력이 이긴다는 뜻이다.

러시아의 운동선수들은 올림픽에서 기대 이상으로 많은 금메달을 따냈다. 이는 상상력의 덕분인 것이다. 스탠퍼드 대학에서는 정밀 컴퓨터와 테니스팀의 도움으로 신경 근육 활동에 대한 과학적 연구를 했는데 연구팀은 선수들이 의자에 편히 앉아서 오직 정신활동만으로 팔운동과 몸 운동을 할 수 있는 한 가지 방법을 성공적으로 실험을 했다. 이처럼 자녀들의 일상행동에 있어서도 역시 '상상력의 훈련'은 적용될 수 있는 것이다.

칭찬 십계명

① 칭찬할 일이 생겼을 때 즉시 칭찬하라.

② 잘한 일을 구체적으로 칭찬하라.

③ 가능한 한 공개적으로 칭찬하라.

④ 결과보다는 과정을 칭찬하라.

⑤ 사랑하는 사람을 대하듯 칭찬하라.

⑥ 거짓 없이 진실한 마음으로 칭찬하라.

⑦ 긍정적인 눈으로 보면 칭찬할 일이 보인다.

⑧ 일이 잘 풀리지 않을 때 더욱 격려하라.

⑨ 잘못된 일이 생기면 관심을 다른 방향으로 유도하라.

⑩ 가끔씩 자기 자신을 칭찬하라.

♣ 적용 ♣

① 승리자가 된 것처럼 마음을 조정해본다.
② 금메달리스트가 되어 시상대에 오른 모습을 상상해본다.
③ 최우수상을 받고 있는 모습을 그려본다.

20. 뇌를 알자

뇌[腦, brain]는 **동물의 신경계**에서 신경세포가 모여 신경작용의 지배중심을 이루는 부분이다. 무척추동물은 보통 두신경절(頭神經節)이나 뇌신경절이 뇌에 해당하며, 척추동물은 척수(脊髓)의 전방에 이어져 뇌수막(腦髓幕)에 싸여 있고, 다시 단단한 두개(頭蓋)에 의하여 보호되고 있다.

뇌수막은 두개골에서 가까운 부분부터 경막(硬膜)·거미줄막(蜘蛛膜)·유막(柔膜)이라고 불리는 3중 막으로 되어 있다. 척추동물의 뇌는 발생과정에서 배체(胚體)의 배면(背面) 외배엽(外胚葉)이 정중선(正中線)을 따라 함몰되어 생긴 신경관에서 발생한다. 그 앞부분이 뇌관, 뒷부분이 척수관인데 발생이 진행되면서 뇌관형태가 형성되고, 앞부분부터 전뇌포(前腦胞)·중뇌포(中腦胞)·능뇌포(菱腦胞) 등 3개의 팽창부가 나타난다.

전뇌포에서는 종뇌(終腦)·간뇌(間腦)가 분화되고, 종뇌는 좌우 1쌍의 대뇌반구(大腦半球)를 만들며, 중뇌포는 중뇌가 된다. 능뇌포는 후뇌(後腦)와 수뇌(髓腦)로 분리되는데 후뇌의 등 쪽은 소뇌(小腦)를, 배 쪽은 교(橋)를 형성하고 연수(延髓)는 수뇌에서 분화한다.

종뇌는 계통 발생적으로 큰 차이가 있는데, 원구류(圓口類)나 어류에서는 종뇌가 후각에만 관계하지만 양서류가 되면 후각뿐만 아니라 통합작용을 가지게 된다. 파충류 이상이 되면 감각과 운동의 통일된 명령을 행하는 신피질(新皮質)이 나타나고, 포유류에서는 종뇌의 대부분을 차지하게 된다. 소뇌도 동물의 운동제어 조절에 관계하기 때문에 동물의 운동성과 그 제어능력에 따라서 발달한 것을 볼 수 있다. 연수·교·중뇌와 간뇌(종뇌의 일부를 포함시키기도 함)를 일괄하여 뇌간(腦幹)이라고 하는데, 이것은 위쪽으로 퍼져 있는 대뇌반구를 받치는 줄기의 의미가 포함되어 있다.

뇌간 부분은 척추동물 뇌의 기본구조로 동물의 생명유지에 중요한 기능을 하는 중추가 이 부분에 있고, 어류에서 포유동물까지를 포함해서 그 구조에는 거의 차이가 없다. 또한 뇌에는 12쌍의 뇌신경이 있는데 앞부분부터 차례로 제1 뇌신경·제2 뇌신경과 같이 번호가 붙어 있다.

뇌신경은 다음과 같다. ① 후신경(嗅神經), ② 시신경(視神經), ③ 동안신경(動眼神經), ④ 활차신경(滑車神經), ⑤ 3차신경, ⑥ 외전신경(外轉神經), ⑦ 안면신경(顏面神經), ⑧ 내이신경(內耳神經), ⑨ 설인신경(舌咽神經), ⑩ 미주신경(迷走神經), ⑪ 부신경(副神經), ⑫ 설하신경(舌下神經) 등이며, 신경들은 머리에 관계되는 감각의 수용과 운동에 관계하고 있다.

대뇌반구의 표면에는 신경세포가 층상으로 모여 있고, 그 안쪽에는 표면으로 출입하는 다수의 신경조직다발이 있다. 이 표면을 대뇌피질(大腦皮質)이라 하고 안쪽을 대뇌수질(大腦髓質)이라 하는데, 대뇌피질은 계통 발생적으로 가장 오래된 고피질(古皮質)과 구피질(舊皮

質), 신피질 등 3종류의 피질로 구별된다. 고피질과 구피질은 변연피질(邊緣皮質)로 총칭되며, 후각만이 아니고 본능행동과 정동행동(情動行動)에 관계되는 부분이다.

신피질은 파충류에 나타나지만 조류에는 나타나지 않는 대신 선조체(線條體)가 포유류보다 발달해 있다. 포유류는 신피질의 발달이 두드러지고, 고피질과 구피질을 대뇌반구의 가장자리로 밀어붙인 모양으로 되어 있다. 대뇌피질은 부분에 따라 기능이 달라 운동기능과 감각기능의 중추를 구분할 수가 있다. 또한 감각기능은 피부감각령(皮膚感覺領)·시각령·청각령 등의 중추로 각각 구별되어 있다. 운동이나 감각에 직접 관계하지 않는 대뇌피질은 사물의 이해·기억·판단 등 고도의 신경작용을 하는 부분으로서 연합령(聯合領)이라고 하는데, 영장류를 포함한 동물의 뇌는 사람과 비교하였을 때 이 연합령의 발달이 뒤떨어지고 있다.

♣ 적용 ♣

① 자녀가 뇌 발달수준에 맞는 학습을 하고 있는지 상담을 한다.
② 남을 불쌍히 여기는 온유한 마음에서 뇌는 창의성을 내보낸다.
③ 뇌가 좋아하는 오감자극을 통해 체험학습을 지속적으로 한다.

21. 우주와 같은 사람의 뇌

사람의 뇌는 뇌수·골이라고도 하며 그 아래쪽에 이어진 척수와 함께 중추신경계를 구성한다. 뇌는 두개강(頭蓋腔) 안에 수용되고, 척수는 척주관(脊柱管) 안에서 각각 보호받는다. 사람의 신경계는 동물 가운데서 가장 고도의 기능을 갖추고 있으며, 신경계의 분화도 이에 따라서 복잡한 구조로 되어 있다. 사람의 뇌를 발생학적으로 보면, 태생 28일경에 태아의 등 쪽에 독립된 신경관이 완성되고, 이어서 신경관의 앞부분에 3개의 팽창부가 형성되어 앞부터 전뇌포·중뇌포·능뇌포라고 한다. 이것들이 뇌의 원초가 된다.

능뇌포에 이어지는 뒷부분은 그대로 척수가 되고, 전뇌포는 가장 큰 발달을 보여 종뇌와 간뇌로 분화하며, 중뇌포는 그대로 중뇌가 되고, 능뇌포는 후뇌(後腦: 소뇌·橋)와 이것에 이어지는 연수로 분화한다. 고등동물일수록 종뇌의 발달분화가 큰 데 사람의 경우 종뇌는 좌우로 크게 팽창해서 대뇌반구가 된다. 이 좌우의 대뇌반구를 받치는 간뇌·중뇌·교·연수까지를 뇌간이라고 한다. 성인의 뇌 무게는 동양인 남자가 약 1,350g, 여자가 약 1,250g으로, 서양인과 뇌 무게의 차는 두드러지지 않는다. 또 신생아의 뇌 무게는 약 400g으로 생후 급

속하게 성장하여 1년 만에 약 2배의 크기가 되고, 4~5세에는 1,200g, 10세에는 1,300g 전후가 되어 거의 성인과 비슷하게 된다.

사람의 뇌는 약 20세에 완성되며 뇌 무게는 신장과 거의 비례하는데, 뇌 무게와 체중과의 비율이 뇌의 발육기준으로 사용되기도 한다. 대뇌반구 표면의 복잡한 대뇌회(大腦回, 뇌의 주름)와 뇌 무게가 그 개체의 지능이나 성격과 대비되는 일이 있으나 직접적인 관계는 없으며 기준도 되지 않는다. 예를 들면, 향유고래의 뇌 무게는 9,000g이나 되고, 코끼리·돌고래의 뇌회나 뇌구(腦溝)는 사람보다 훨씬 가늘고 그 수도 많다.

대뇌반구의 표층에 신경세포가 배열되어 있는데 이것을 대뇌피질이라고 한다. 대뇌피질로 덮인 대뇌반구의 내부는 대뇌수질이라 하는데, 이것은 대뇌피질로 드나드는 신경섬유의 통로이다. 이 대뇌수질의 내부에는 신경세포 집단이 있어 대뇌피질과 간뇌 이하의 부분을 중개하고 있다. 이것을 대뇌핵(大腦核)이라고 한다.

대뇌피질의 두께는 평균 2.5㎜ 정도로 가장 두꺼운 피질부위는 4㎜(前頭葉의 中心前回)이고 가장 얇은 부분은 1.5㎜(後頭部의 視覺領 등)이다. 대뇌반구의 피질은 발생학적으로 신피질·고피질·구피질 등 3종류로 구분한다. 구피질과 고피질은 해마(海馬)·편도핵(扁桃核)·이상엽(梨狀葉)이고, 발생학적으로는 매우 오래된 부분이다.

또한 원시적인 기능을 관장하는 부분으로 하등동물에까지 갖춰져 있다. 이에 대해서 신피질(대부분 반구피질)은 고등동물일수록 잘 발달되고, 적응행동과 창조행동 등 작용을 한다. 또한 뇌간과 척수는 이 작용에 개재되는 정적인 생명현상을 담당하기도 한다. 대뇌피질의 신경세포 수는 140억인데 뇌와 척추에는 신경세포 외에 신경교세포(神

經膠細胞)가 있다.

신경교세포는 신경세포와 기원이 같은데, 태생초기 신경세포에서 나누어진 세포로 신경세포와 같은 자극전달에는 관계하지 않지만 신경세포의 주위를 둘러싸고 있으며 신경세포의 물질대사와 밀접한 관계 외에도 신경세포 보호 등의 역할을 한다.

신경교세포의 수는 신경세포의 10배 또는 20배라고 한다. 사람의 소뇌는 뇌 전체의 10%를 차지하는데, 척추동물 중에서는 매우 발달된 편이다. 소뇌는 전신골격근의 긴장상태를 조절하며, 평형감각을 관장하고 있다. 즉 몸의 자세와 운동의 반사적 조절에 중요한 작용을 하는 부분이다.

♣ 적용 ♣

① 자녀에게 스트레스를 주지 않는다. 뇌가 싫어한다.
② 해마가 좋아하는 친절한 말로 이해시키고, 감동을 준다.
③ 항상 격려하며 칭찬을 하면, 뇌도 고마워하고 잘 움직여준다.

22. 뇌와 혈액

　뇌는 활동에 따라서 몸의 어느 부분보다도 신진대사가 왕성하다. 성인의 뇌 무게는 체중의 약 2.5%에 불과하지만 뇌를 흐르는 혈액량은 몸 전체 혈액량의 20%에까지 이르며, 1분에 약 800 L의 혈액이 뇌에 흐른다. 결국 이 정도의 혈액량 유입과 함께 흘러들어 가는 산소와 포도당은 신경세포 활동에 필요한 에너지로 사용된다.

　이 때문에 뇌에는 풍부한 혈관이 발달되어 있고, 뇌의 혈관은 다른 부분의 혈관과는 달리 그 혈관을 흐르는 물질이 자유롭게 신경세포에 도달하는 것이 아니라 물질에 따라 막아버린다. 이것은 뇌의 혈액 뇌관문(腦關門)의 존재 때문이다.

　이것의 해부학적 구조는 확실하지 않지만 신경세포 주위를 싸고 있는 신경교세포와 그 바깥쪽의 기저막, 모세혈관 내피세포가 관문형성에 관여하고 있다고 여겨진다. 태아의 뇌에는 이 관문이 완성되어 있지 않다. 뇌는 3중의 뇌막에 싸여 두개골 내에 수용되어 있는데다가 거미줄막과 유막과의 간극(間隙, 거미줄막下腔)에는 뇌척수액이 채워져 있기 때문에 외부로부터의 충격에 보호되고 있다.

　좌대뇌반구(左腦)와 우대뇌반구(右腦)의 연락이 끊어진 뇌. 사람의 대뇌는 좌대뇌반구와 우대뇌반구로 되어 있는데 이 둘은 약 2억 개의 신경섬유로 연락되고 있다. 이들 신경섬유는 뇌량(腦梁)·전교련(前交連)·해마교련(海馬交連)이라고 하는 몇 개의 신경섬유다발을 형성하고 있다.

1940년대 말부터 중증 간질의 치료로 뇌량을 절단하는 수술이 행해지기 시작하여 60년대 초에는 뇌량뿐만 아니라 전교련과 해마교련도 한꺼번에 절단하는 수술이 행해졌다. 이와 같은 수술을 받은 환자의 뇌에서는 좌대뇌반구와 우대뇌반구의 연락이 끊어지게 된다. 분리뇌에서는 좌대뇌반구와 우대뇌반구가 각각 어떤 정신기능을 담당하고 있는지를 검사할 수 있으므로, 뇌와 마음의 문제 해결에 공헌하였다. 이 방면의 연구를 한 R. W. 스페리는 1981년 노벨생리의학상을 받았다. 그는 좌대뇌반구는 언어기능이, 우대뇌반구는 공간적 기능이 우수하다는 것을 밝혀냈다.

대뇌의 일부 가운데 골이라고도 한다. 위쪽은 간뇌, 아래쪽은 후뇌(後腦: 腦橋와 小腦)에 이어진다. 뇌간 중에서는 그다지 발달되지 않은 부분이지만 중요한 부위이다. 뇌간의 중심부보다 약간 등 쪽으로는 중뇌수도(中腦水道: 실비우스 수도라고도 하는 가는 中腔管)가 관통되어 있으며, 위쪽의 제3 뇌실과 아래쪽의 제4 뇌실과 연결되어 있다.

중뇌수도에서 등 쪽을 중뇌개(中腦蓋)라고 하며, 전후좌우에 4개의 융기가 마치 공기를 엎어놓은 모양으로 돌출되어 있다. 그중 앞쪽의 2개를 상구(上丘), 뒤쪽 2개를 하구(下丘)라고 하며 전체를 사구체(四丘體)라고 한다. 상구에는 시신경의 일부가 있어, 시각의 복잡한 반사 기능에 관여하는 것으로 생각된다.

하구에는 청각의 신경로가 있어, 청각반사에 관계하는 외에 음원

(音源)의 위치를 판단할 때 중요한 구실을 하는 것으로 보인다. 하등 척추동물에서는 상구가 시각중추에 해당하며, 시개(視蓋)라고 부른다. 중뇌수도에서 배 쪽은 넓은 뜻의 대뇌각(大腦脚)이며, 그중 등 쪽 부분을 중뇌피개, 중뇌피개에서 양배 쪽으로 돌출한 부분을 좁은 뜻의 대뇌각이라고 한다.

중뇌피개에서 활차(滑車)신경과 동안(動眼)신경이 시작되고, 불수의(不隨意) 운동에 관계하는 적핵(赤核), 의식작용에 관계하는 망상체, 척수에서 대뇌반구로 상행하는 신경로 등이 있다. 중뇌피개와 좁은 뜻의 대뇌각의 경계 부분에는 불수의 운동에 관계하는 흑질(黑質)이 있다. 흑질의 손상은 파킨슨증후군과 관계가 있는 것으로 보고 있다. 좁은 뜻의 대뇌각에는 대뇌피질에서 하행하는 운동에 관계되는 신경로, 즉 추체로(錐體路)와 추체외로가 있다.

청반핵(靑斑核)은 다리와 중뇌의 경계 높이에서 중심회백질 외측부에 있다. 청반핵의 신경세포는 노르아드레날린을 함유하고, 이 세포에서 나온 섬유는 그 안에 널리 분포되어 있다. 이 기능은 렘수면 (REM sleep) 발현과 관계있다.

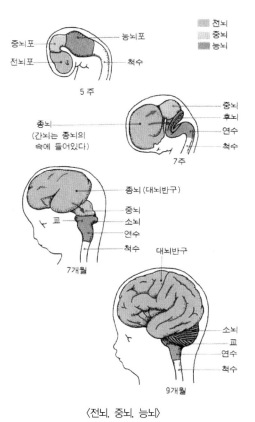

중뇌포 — 능뇌포
전뇌포 — 척수

전뇌
중뇌
능뇌

5 주

중뇌
후뇌
연수
척수

종뇌
(간뇌는 종뇌의
속에 들어있다)

7주

종뇌(대뇌반구)
중뇌
소뇌
연수
척수
교

7개월

대뇌반구

소뇌
교
연수
척수

9개월

〈전뇌. 중뇌. 능뇌〉

♣ 적용 ♣

① 희망이 있는 말과 따뜻한 표현을 자주한다.
② 왼손 사용의 기회를 자주 제공한다.
③ 맑은 소리를 많이 듣고, 군청색과 초록색을 많이 본다.

23. 자녀교육은 뇌에서 출발하자

"엄마, 받아쓰기 시험에서 70점 받았어요." 주부 김 모 씨는 얼마전 학교에서 돌아온 딸(10)의 자신감 넘치는 소리에 안도의 숨을 내쉬었다. 지난해까지만 해도 딸의 받아쓰기 점수는 평균 10점. 지능지수는 다른 아이에 비해 우수한데도 글자를 제대로 읽지 못해 학교수업을 따라가기 어려웠고 항상 불안해했다. 신경정신과 전문의의 진단은 불안장애가 동반된 학습장애였다. 1년여 동안 항우울제를 복용하고 전문상담을 받은 결과 딸은 이제 보통 아이와 다름없게 된 것이다.

초등학교 2학년생 김 모 군은 주의력결핍증이 동반된 학습장애아. 해외에 부모와 함께 머문 적이 있어 또래에 비해 영어구사력은 뛰어나지만 한글을 제대로 쓰지 못해 늘 풀이 죽어 있던 김 군을 데리고 어머니는 최근 병원을 찾았다. 김 군은 받아쓰기 검사를 하는 도중에도 서양장기의 말 그림을 그리는 등 주의가 산만했다.

학습장애아 때문에 가슴앓이를 하는 학부모가 적지 않다. 이들 학습장애아는 학교생활에 쉽게 적응하지 못하고 친구와 어울리지 못해 자신감을 잃어버리기 쉽다. 전문의들은 "과거에 비해 학습에 대한 기대치가 높아지고 자녀에게 쏟는 관심이 커지면서 학습장애가 최근 주목받기 시작하고 있다"라고 말한다.

미국의 경우 학습장애를 겪는 사람은 인구의 약 4%. 국내에는 아직까지 학습장애아에 대한 정확한 조사가 이뤄지지 않았다. 전문의들은 단편적인 조사결과를 토대로 초등학교 3, 4학년의 약 3.8%가 학습장애의 일종인 읽기장애 증세를 가진 것으로 추정한다.

학습장애는 크게 읽기와 쓰기, 셈하기(수학) 장애로 구분된다. 각각의 능력이 연령이나 지능지수, 교육 정도에 비해 지나치게 낮게 나타나면 학습장애가 아닌지 의심해볼 수 있다. 난독증(難讀症)으로 불리는 읽기장애 환자가 가장 많다.

글자나 단어를 빼고 읽거나 더듬거리고, 능숙하게 읽더라도 뜻을 이해하지 못하며 '너구리'를 '리구너'로 읽는 등 증세가 다양하다. 과거에는 보통 1년 이상 교육을 받은 초등학교 2학년을 대상으로 학업성취도 등을 조사해 학습장애 진단을 내렸으나 최근에는 조기교육 열풍으로 진단연령이 무의미해졌다. 효과적인 진단도구가 없는 것도 문제이다. 증세가 모호해 정확한 진단도 쉽지 않다. 현재 신경정신과에서는 지능검사와 기초학습검사를 포함한 인지기능검사를 통해 진단한다.

전문의들은 '마음의 병'이 아니라 '뇌의 병'인 것만큼은 분명하다고 말한다. 난독증 환자의 뇌를 찍은 사진을 보면 읽기 능력을 결정하는 좌뇌 뒷부분의 피 흐름이 원활하지 못한 경우가 많다. 이 밖에 임신 중 흡연이나 약물복용 등으로 태아의 뇌가 손상되거나 자라는 과정에서 좋지 못한 환경의 영향을 받아서 생긴다는 주장도 있다.

문제는 학습장애를 병으로 보지 않고 아이를 나무라기만 하는 부모가 많다는 것이다. 대개 "너는 다른 과목은 잘하는데 유독 쓰기만 못하니?", "아이큐(IQ)는 좋은데 왜 덧셈과 뺄셈을 못하니?"라며 아이를 구박한다. 병원을 찾는 대부분의 아이는 이 때문에 학습장애 말고도 우울증과 불안감, 좌절감 등 증세를 동반한다. 또 의사를 표현하거나 남의 말을 이해하는데 어려움을 겪는 표현언어장애나 주의가 산만하고 한 가지 일에 좀처럼 집중하기 어려운 주의력결핍과잉행동장애(ADHD)를 함께 앓는 아동도 많다.

　치료 동반증세가 많은 탓에 아동이 가진 모든 증상을 정확히 진단하는 것에서부터 시작해야 한다. 합병증 치료 없이는 학습장애가 좀처럼 개선되지 않는다. 우울증과 불안증이 심한 아동에게는 항우울제, 주의가 산만한 아동에게는 집중력 개선제 등을 처방한다. 이때 많은 학부모는 "아이에게 정신과 약을 먹이면서까지 치료할 뜻은 없다"라고 한다.
　그러나 전문의들은 "시력이 나쁜 아이가 안경을 쓰지 않고 공부를 하는 것이나 다름없다"며 "청소년기까지 뇌신경은 계속해서 발달하기 때문에 보조치료제로 약을 사용할 필요가 있다"라고 말한다. 합병증 치료와 함께 정신치료, 학습치료 등 본격적인 장애치료를 받게 된다.
　학습치료는 아동의 증상에 따른 '맞춤 교육'이다. 정신치료는 학습 동기를 찾고 자존심을 회복하며 자신의 장점을 인식할 수 있도록 도와주는 것이다. 빼놓을 수 없는 것이 가족치료이다. 환자 개인 문제일 뿐만 아니라 가정불화의 원인이 될 수 있기 때문에 부모가 좌절하지 않고 함께 노력해야 한다.

우리의 기도

날려 보내기 위해 새들을 키웁니다
아이들이 저희를 사랑하게 해주십시오
당신께서 저희를 사랑하듯
저희가 아이들을 사랑하듯
아이들이 저희를 사랑하게 해주십시오
저희가 당신께 그러하듯
아이들이 저희를 뜨거운 가슴으로 믿고 따르며
당신께서 저희에게 그러하듯
아이들을 아끼고 소중히 여기며
거짓 없이 가르칠 수 있는 힘을 주십시오
아이들이 있음으로 해서 저희가 있을 수 있듯
저희가 있음으로 해서
아이들이 용기와 희망을 잃지 않게 해주십시오
힘차게 나는 날갯짓을 가르치고
세상을 올바르게 보는 눈을 갖게 하고
이윽고 그들이 하늘 너머 날아가고 난 뒤
오래도록 비어 있는 풍경을 바라보다
그 풍경을 지우고 다시 채우는 일로
평생을 살고 싶습니다

♣ 적용 ♣

① 감각과 감성이 풍부한 자녀가 되도록 대화를 자주 한다.
② 건강한 신체와 정신을 유지하기 위해 몸의 움직임을 함께한다.
③ '할 수 있다'는 자신감과 희망을 가진다.

24. 생활 속의 전뇌교육

뇌가 어떻게 발달하며 머리를 좋게 하는 방법은 무엇일까? 미국 미네소타대 의대 뇌 과학자인 김대식 박사는 "어릴 때 다양한 경험과 학습을 하면 된다"라고 말한다.

뇌는 앞에서부터 뒤쪽으로 발달한다. 출생 시 인간의 뇌는 성인 뇌의 25% 정도인 350g 정도밖에 되지 않는다. 이렇게 작은 뇌가 생후 1년 만에 1,000g 정도로 성장하며 이후 10세 정도까지 빠르게 자라다가 사춘기가 지나면서 성인 뇌 무게인 1,300~1,500g에 도달하게 된다.

양손을 쓰면 좌, 우뇌가 골고루 발달한다. 사람들의 90%는 왼쪽 뇌가 오른쪽 뇌보다 우수하다. 그러나 아주 어릴 때 오른쪽 뇌가 손상을 받으면 왼쪽 대뇌에 있는 언어중추의 역할을 오른쪽 대뇌에서 대신해 언어를 조정하는 일을 하게 된다. 청각장애인은 왼쪽 대뇌에서 언어기능 대신 시각기능을 처리한다.

이와 같이 우리의 뇌는 환경과 상황에 따라서 적응력이 뛰어나기 때문에 신축성 있게 변화할 수 있다. 이런 성질을 뇌의 가소성(可遡性)이라고 한다. 우리들은 교육과 노력에 의해서 이러한 뇌의 가소성을 극대화시킬 수 있다. 특히 어린이들의 뇌가 고루 발달할 수 있도록 신경 쓰는 것은 엄마들의 몫이다.

오른손 왼손을 두루 쓰는 것도 뇌를 골고루 계발하는 한 방법이다. 오른손잡이는 왼쪽 대뇌가, 왼손잡이는 오른쪽 대뇌가 더 발달되어 있으며 왼쪽 대뇌는 언어와 논리성 분석력과 계산력에 강하고, 오른쪽 대뇌는 공간 입체능력과 감성능력이 더 강하다.

그러나 서로 독립되어 있는 두 반구는 전혀 다른 기능을 하기보다는 뇌량(양 뇌를 연결하는 뇌의 다리)을 통하여 서로 끊임없이 정보를 교환하고 같은 일을 상호 협력하여 한다.

따라서 왼쪽 뇌와 오른쪽 뇌를 모두 다 사용하는 것이 한쪽 뇌만을 사용하는 것보다 더 효율적이고 좋다는 것은 말할 필요가 없다.

일반적으로 오른손잡이의 90%는 언어중추를 왼쪽 대뇌에 가지고 있지만 왼손잡이는 언어중추를 양쪽 뇌에 다 가지고 있다. 이 때문에 오른손잡이는 왼쪽 뇌를 손상하게 되면 언어능력을 상실할 가능성이 높다.

하지만 왼손잡이들은 한쪽 뇌가 손상을 받아도 언어기능을 어느 정도 유지할 수가 있다. 따라서 어릴 때 아이들이 왼손을 쓴다고 야단칠 일만도 아니다. 오히려 양손을 같이 잘 사용하도록 격려하고 도와주는 것이 뇌를 발달시키는 데 좋다.

♣ 적용 ♣

① 좋은 기억은 오래 간직하고, 나쁜 기억은 빨리 잊는다.
② 반복학습이 천재를 길러낸다는 확신을 갖는다.
③ 하고 싶은 일에 대하여 주변사람과 대화를 많이 나눈다.

25. 단계별 두뇌발달 맞춤 학습법

1단계

0~3세. 전뇌가 고루 발달한다(오감을 골고루 자극하세요).

* 갓난아기 때 푹 잘 자는 아이가 머리가 좋다.

* 오감 교육으로 다양한 자극을 주자.

* 스킨십은 두뇌발달에 좋다.

* 올바른 식습관이 두뇌발달을 촉진한다.

* 꼭꼭 씹어 먹는 습관, 3대 영양소를 골고루 섭취, 아침밥은 꼭 먹게 하자.

아기가 기기 시작할 때부터 갑자기 앞으로 움직이면서 소파나 식탁 등에 부딪히게 된다. 이런 과정을 통해서 아기는 두 눈을 사용해야 할 필요성을 느낀다. 이후부터 아기는 점차 움직일 때마다 시야를 정해서 자기가 가고 있는 곳을 두 눈을 모아 바라본다. 이 과정에서 시각자극이 먼저 이루어진다.

아기가 두 눈을 집중시켜서 목적지를 정해놓고 기어가는 행동은 두뇌발달에 중요한 영향을 미친다. 아기가 기기 위해서는 두 팔과 두 다리의 균형과 힘을 맞춰야 하는데, 그 과정에서 아기는 좌·우뇌 발달이 균형적으로 이루어진다.

2단계

3~6세. 고도의 종합적인 사고기능을 담당하는 전두엽발달

* **반복교육**은 두뇌발달에 최상의 효과 - 반복이 천재를 만든다.
* 이야기를 많이 듣고 읽게 한다.
* 다양한 경험이 생각하는 힘을 키운다.
* 예절교육 · 도덕교육을 적절한 시간에 시켜야 한다.

3단계

6~12세. 언어담당 측두엽, 수학 물리학적 사고담당 두정엽 발달

* 한글교육은 이때부터 시킨다.
* 외국어교육도 이때부터 시킨다.
* 실험 · 실습 · 관찰 위주의 수학교육을 시킨다.
* 입체 공간적 사고를 발달시키는 다양한 놀이교육을 한다.

4단계

12세 이후. 시각적인 기능을 담당하는 후두엽이 발달한다. 뇌는 12세 이후부터는 시각기능을 담당하는 후두엽 발달로 넘어온다. 이 시기는 보는 기능이 발달해서 자신의 주위를 훑어보고 자신과 타인의 차이를 선명하게 알며, 자신의 외모를 꾸미려고 노력을 한다. 보기에 화려하고 멋진 연예계 스타에 빠져서 열광하는 것도 시각적인 기능이 유난히 발달한 이 시기의 뇌 발달 특징과 관련이 있다.

♣ 적용 ♣

① 특기와 적성을 찾아 환경(도서, 교구자료 등)을 꾸며준다.
② 생각(관찰)하는 시간을 많이 제공해준다.
③ '인내는 쓰지만 그 열매는 달다'는 것을 다양하게 가르친다.

26. 두뇌발달을 위한 생활지침

- 솔직한 아이가 기억력이 좋다.
- 잠을 푹 자야 두뇌발달에 좋고 공부도 잘한다.
- 동기유발을 시켜야 학습효과가 높다.
- 장기 기억력을 키워야 공부를 잘한다.
- 외우는 것이 아니라 이해하는 습관을 키운다.
- 복습을 습관화하자.
- 다양한 학습 내용을 비교하자.
- 자신감이 중요하다.
- 좌우 신체를 균형적으로 사용하자.
- 손과 발을 많이 사용하자.
- 비논리적인 상상이나 공상 훈련을 하자.
- 감각 훈련을 하자.
- 음악·미술 감상을 열심히 하자.

♣ 적용 ♣

① 감사를 가르치자.
② 복습을 습관화하도록 모범을 보이자.
③ 손과 발을 많이 사용하도록 잔소리를 하자.

27. 전뇌형의 자녀로 기르자

　사람들의 90%는 좌뇌가 발달한 오른손잡이고, 대략 10%가 우뇌가 발달한 왼손잡이다. 좌우 뇌는 교차되어 내려가서 방향이 바뀌어 각각 오른손과 왼손을 지배한다. 단 색깔을 구별하는 뇌는 좌뇌와 우뇌가 인식하는 방향이 동일하다.

　즉, 좌뇌는 왼쪽 방향의 색을 우뇌는 오른쪽 방향의 색을 감지한다. 좌뇌가 발달하면 논리적·합리적·객관적 판단능력이 뛰어나고, 계획적이고 구조적이며 선택형 질문을 선호하고 감정 자제 능력이 뛰어나다. 또 이름을 잘 기억하고 분석적인 독서를 하며 확고하고 확실한 정보를 선호한다. 또 치밀하게 계획된 연구나 작업을 좋아하는 등의 특성이 있다.

　우뇌가 발달하면 직관적이고 은유법이나 유추능력이 강하다. 주관식의 질문을 좋아하고, 감정표현을 잘하며 이름보다 얼굴을 잘 기억한다. 애매모호하고 불확실한 정보를 선호하는 등의 특성이 있다.

　오른손잡이의 경우 90%는 좌뇌에서 언어를 담당하는데, 왼손잡이는 70%가 좌뇌에서 언어기능을 담당하고 나머지 30%는 우뇌에 언어기능이 있다. 즉, 양쪽 뇌에 언어기능이 퍼져 있다. 일반적으로 왼손잡이가 오른손잡이보다 뇌 손상을 당했을 때 회복이 더 잘되는데, 그 이유는 오른손잡이는 좌뇌에 언어능력이 있지만, 왼손잡이는 언어능력이 여러 곳으로 흩어져 있기 때문으로 분명한 것은 좌뇌와 우뇌를 모두 잘 사용하는 것이 한쪽 뇌만을 주로 사용하는 것보다는 효율적이라는 사실이다.

세계적인 예술가이자 과학자인 레오나르도 다빈치가 대표적인 전뇌형인데, 우뇌 영역인 예술분야와 좌뇌 영역인 과학 · 물리 영역에서 모두 천재적인 역량을 보이고 있다. 즉, 좌우 뇌가 고루 최대한 계발되었을 때 머리 좋고 능력 있는 사람이 될 수 있는 것이다. 그러나 우리 교육내용의 70% 이상이 좌뇌 기능 특성발달과 주로 관련이 되어 있다. 즉 전뇌가 아닌 반뇌 교육만을 시키고 있는 셈이다. 좌뇌와 우뇌를 골고루 발달시키는 전뇌교육이 필요하다. 특히 좌뇌와 우뇌를 연결하는 뇌량은 10세 정도까지 계속 성숙하기 때문에 이 시기까지의 적절한 자극이 좌우 뇌를 계발시키는 데 가장 중요하다.

♣ 적용 ♣

① 허용된 분위기와 여유 있는 시간을 제공해준다.
② '실수해도 괜찮다'는 관용과 '또 해보자'는 격려가 필요하다.
③ 자녀의 활동자료를 저장해두고, 연말에 비교하며 포상을 한다.

28. 머리를 좋아지게 하려면

　뇌와 컴퓨터의 차이는 "컴퓨터는 설계도대로 만들지만 사람의 뇌는 백지상태에서 경험이나 학습으로 완성된다"라는 것이다. 뇌 신경세포(뉴런)는 140억 개가 있으며, 사람이 태어나는 순간 더 이상 늘어나지 않는다. 각각 떨어져 있는 신경세포는 보고 듣고 말하는 등의 경험과 학습에 의해 서로 연결된다. 학습을 많이 할수록 연결은 더욱 튼튼해지고 다양한 길을 만든다. 신경세포가 서로 잘 연결되는 때를 뇌 발달기간이라고 하며, 반대로 연결이 잘 안 되는 때를 굳어지기 시작하는 단계로 본다.

　타고난 머리가 나빠도 영리해질 수 있을까? 유전적 차이는 어쩔 수 없지만 크게 향상시킬 수 있다. 뇌가 발달하는 기간에 다양한 경험을 되풀이(반복)해야 한다. 예를 들면 영어를 배우면 뇌에 영어를 재빠르게 알아듣는 전용 뇌신경망이, 독일어를 배우면 독일어 전용 뇌신경망이 생기는 등 각 언어별로 전용 고속도로가 만들어지는 셈이다. 그러나 12세가 지난 뒤에 외국어를 배우면 한국어 전용도로를 겹쳐서 사용하는 꼴이다. 그래서 늦게 외국어를 배우면 그 나라 사람처럼 완벽한 말을 구사할 수 없다. 다른 지식도 마찬가지다.

인간의 대뇌구조를 보면 크기나 모양이 같은 좌우의 대칭형태로 나뉘어 있으며, 이 양반구는 뇌량이라는 신경섬유다발로 연결되어 있다. 미국 캘리포니아 대학의 **Roger Sperry**(1981년 노벨의학상) 박사의 연구에 의하면 인간의 좌뇌반구와 우뇌반구는 그 기능이 각기 다른 것으로 밝혀졌다(오른손잡이의 경우 좌뇌가 약간 큰 것으로 나타나기도 한다).

즉 좌뇌는 언어적, 계열적, 시간적, 논리적, 분석적, 이성적인 기능을 맡고 있으며, 우뇌는 비언어적, 시공간적, 동시적, 형태적, 직관적, 종합적인 기능을 맡고 있는 것으로 나타났다. 따라서 좌뇌가 발달하면 논리적이며 분석적이 되어서 이성적이며 합리적인 사고를 하게 되고, 우뇌가 발달하면 창의적인 사고와 응용력이 형성되어 전체적이며 확산적 사고를 하게 된다.

인간의 정신능력 중 고차원적인 사고능력이라고 할 수 있는 논리적인 분석력, 창의력 및 문제해결력은 바로 좌우 뇌의 기능이 서로 조화롭게 발전을 이룰 때 길러질 수 있다.

따라서 창의적인 사고력은 좌우 뇌의 균형 있는 발달에서 그 능력이 극대화될 것이며, 좌우 뇌를 균형 있게 계발하여 양쪽 뇌에 의한 통합된 사고를 하게 하는 것이 바로 전뇌계발을 의미한다.

♣ 적용 ♣

① 집착력 지도를 통해 '노력 끝에 성공'이 온다는 것을 가르친다.
② 인간이 할 수 있는 백 가지 행동 중에서 예절이 으뜸임을 가르친다.
③ 내 이웃을 내 몸처럼 사랑하는 맘과 행동을 하도록 지도한다.

29. 전뇌의 발달과 학습

　우리나라에서는 1997년부터 영어교육을 초등학교 3학년으로 앞당겨 실시하고 있다. 그러나 이러한 조기 영어교육에 대한 정부의 방침이 확정되기 이전부터 이미 초등학교뿐 아니라 많은 유치원과 어린이집에서 영어교육을 실시하고 있었으며 현재는 영어교육의 시기가 더욱 앞당겨지고 있는 실정이다.

　우리가 생각하고 행동하고 느끼는 모든 활동은 전적으로 우리의 뇌에서 이루어지며 뇌가 사람마다 다르기 때문에 공부하는 능력(지능)과 성격이 다르다. 즉, "뇌가 공부하는 주체이며, 나는 뇌인 것이다." 따라서 뇌를 알고 교육을 시키는 일이 아주 중요하다.

　자라는 우리 아이들의 뇌는 성인 뇌 무게의 25%에 불과하고 한꺼번에 발달하는 것이 아니라 나이에 따라서 부위별로 발달하며 아직 각 부위가 성숙되어 있지 않아 회로가 엉성하게 연결되어 있다.

　그런데도 불구하고 완전히 모든 뇌 부위가 다 성숙되어 회로가 치밀하게 잘 만들어진 어른의 뇌처럼 가르쳐주기만 하면 어떤 내용이라도 모두 잘 받아들일 수 있는 것처럼 아무 내용이라고 무차별적으로 조기교육을 시키면 위험스럽다.

전선이 엉성하게 가늘게 연결된 경우 과도한 전류를 흘려보내면 과부하 때문에 불이 일어나게 되는 것처럼 신경세포 사이의 회로가 아직 성숙되지 않았는데도 과도한 조기교육을 시키게 되면 뇌에 불이 일어나서 과잉학습장애증후군이나 각종 스트레스 증세가 나타나서 우리 아이의 뇌 발달에 큰 지장을 초래하게 된다.

이와 같은 문제점을 예방하기 위해서 공인된 전문 영재교육 기관에서 영재교육 지도교사 자격이 있는 교사에게 우리 자녀를 맡겨야 할 것이다.

♣ 적용 ♣

① 자녀의 생리에 맞는 생활리듬을 찾아서 적절하게 적용한다.
② 영재교육 기관의 학부모 연수에 적극 참여한다.
③ 적절한 모방을 통해서 창의성이 계발될 수도 있다.

30. 뇌의 발달은 앞에서 뒤로

최근 미국 UCLA와 미 국립 정신건강 연구소팀이 인간의 두뇌발달 과정을 최신의 영상기업으로 촬영하여 연구한 결과 인간의 두뇌발달은 앞쪽에서 뒤쪽으로 일어나고 있음이 밝혀졌다.

출생 시 태아의 뇌는 350g이며 생후 1년 만에 1,000g 정도로 성장하여 10세 정도까지 빠르게 자라다가 사춘기가 지나면서 성인 뇌 무게인 1,300~1,500g에 도달하게 된다.

뇌는 크게 7개 부분으로 되어 있다(무게와 지능과는 관계가 없다).

* **대뇌**는 머리의 대부분을 차지하고 있으며 뇌 중에서 가장 늦게 진화하여 만들어졌다. 또 대뇌는 좌뇌와 우뇌로 이루어져 있는데 이 두 반구는 뇌량을 통해 연결되어 있으며 긴밀한 상호협력 체계를 갖추고 있다. 좌우를 연결하는 뇌량은 10세까지 발달한다.
* **소뇌**는 좌우 한 쌍으로 되어 있으며 표면에는 가로로 난 홈이 많고 몸의 평형을 유지하는 역할을 한다.
* **중뇌**는 안구 운동, 홍채 수축 등 눈에 관련된 업무와 호르몬 분비, 체온 조절, 식욕조절 등의 업무를 담당한다.

* **연수**는 심장박동, 호흡, 소화 등 생명유지에 필수적인 활동을 맡고 있다. 사람은 대뇌나 소뇌를 다쳐도 죽지는 않지만 연수를 다치면 뇌사가 일어나 치명적이다.
* **척수**는 뇌간에서 연속적으로 이어져 있으며 뇌의 맨 아랫부분을 이루고 있다. 모양은 백색의 가늘고 긴 원기둥의 모양이다. 척수는 운동신경과 감각신경, 그리고 자율신경이 지나가는 통로이며, 외부로부터 이들을 보호한다.

♣ 적용 ♣

① 좋아하는 음악을 듣는 것이 뇌를 편히 쉬게 할 수 있다.
② 몸과 마음을 항상 편안하게 갖는 습관이 중요하다.
③ 하루의 일과를 반성하고, 선악을 구별해준다.

31. 노력에 의한 발달장애의 극복

인간의 행동이나 마음의 작용은 뇌의 신경생리적 작용과 밀접하게 관련되어 있다. 따라서 뇌의 구조나 기능에 문제가 생기면 행동, 정서, 인지 기능에도 문제가 생긴다. 발달장애에 대한 신경생리학적 접근에서는 발달장애의 원인을 뇌 기능장애의 관점에서 이해하고자 한다.

이러한 접근을 통해 발달장애 학생들이 나타내는 다양한 인지적, 정서적 기능 특성뿐 아니라 조기 특수교육이나 재활훈련의 효과에 대한 이해도 높일 수 있을 것이다.

뇌는 뉴런이라고 부르는 신경세포의 집합체라고 할 수 있다. 뉴런은 외부로부터 정보를 받아들여 처리한 다음 그 결과에 따라 신체 각 부위로 운동명령을 내림으로써 우리의 행동을 만들어낸다.

기본적으로 뉴런은 세포체, 수상돌기, 축색의 세 부분으로 이루어져 있다. 세포체는 뉴런의 몸체로 유지기능을 담당하는 여러 가지 구조물을 담고 있다. 수상돌기는 뉴런과 뉴런이 의사소통을 할 때 정보를 받아들이는 수용부에 해당하며, 축색은 받아들인 정보를 다음 뉴런에게 전달하는 일종의 연결관이라고 할 수 있다. 축색의 표면은 수초라고 하는 절연물질로 덮여 있어서 뉴런의 빠른 정보전달을 돕는다.

축색의 끝부분은 대개 나뭇가지처럼 여러 갈래로 나누어져 있으며 그 끝을 축색종말이라고 한다. 축색종말은 다른 뉴런의 수상돌기와 만나서 자신이 받은 정보를 전달하는 기능을 담당하는데 축색종말과 수상돌기가 서로 접하고 있는 부분을 시냅스라고 한다.

뉴런의 정보전달은 전기작용과 화학작용을 통해 이루어진다. 한 뉴런 안에서 수상돌기부터 축색종말에 이르기까지의 정보전달은 전기작용에 의해 매개되고, 뉴런과 뉴런 사이의 정보전달은 화학작용에 의해 매개된다. 뉴런 간의 화학적 의사소통은 시냅스의 축색종말에서 방출되는 신경전달 물질이 다른 뉴런의 수상돌기에 흡수되어 반응을 일으킴으로써 이루어진다.

뇌는 그 기능이 서로 다른 여러 하위 영역으로 구분되는데, 특히 중요한 부분은 대뇌피질이다. 인간의 대뇌피질은 다른 어떤 동물보다도 그 면적이 넓으며 그 넓은 면적을 두개골 안에 넣기 위해 구불구불 주름진 형태를 하고 있다. 대뇌피질은 각기 다른 고유기능을 가진 전두엽, 두정엽, 측두엽, 후두엽으로 이루어져 있다.

전두엽은 이마 쪽에 가까운 부위로 어떤 일을 의지적으로 계획, 통제하거나 판단하는 일이 주로 이루어진다. 두정엽은 공각지각 및 주의기능을 관장하는 곳이며 측두엽은 언어이해 및 청각정보 처리를 담당한다. 후두엽은 머리 뒤쪽에 위치하는데 시각정보 처리가 이루어지는 곳이다.

32. 뇌의 발달과정

뇌의 발달은 크게 신경세포의 증식, 피질 영역으로의 이동, 뉴런의 분화 및 연결, 연결 가지 및 뉴런의 감소 등의 네 단계를 거치며 이루어진다.

신경세포의 증식 – 신경관 내부의 뇌실벽 주변에서 만들어지는데, 대략 임신 5~7개월이면 증식이 끝난다. 이때 만들어지는 뉴런은 실제로 뇌에서 필요로 하는 양보다 훨씬 많은데, 이 가운데 사용되지 않는 뉴런은 자연스럽게 죽어 없어진다. 일생을 통해 뉴런이 만들어지는 시기는 이때뿐이며, 그 이후로는 지속적으로 뉴런이 감소한다.

뇌실벽 – 주변영역마다 세포가 만들어지는 시기가 다를 뿐 아니라 나중에 이들 세포가 이동하여 갈 피질영역도 각기 다르고 이동하는 시기도 다르기 때문에 조기 뇌 손상이나 뇌 발달 이상이 발생할 경우 그 시기에 따라 영향받는 뇌 영역이나 뇌세포의 종류가 다르게 되고 따라서 기능장애의 유형도 달라진다.

세포의 이동 – 뇌실벽 주변에서 만들어진 뉴런은 때가 되면 정해진 피질 영역으로 이동하여 자리를 잡는다. 세포가 이동하는 동안 매우 빠른 속도로 축색이 자라기 시작한다. 세포가 목적지에 도달하면 수상돌기가 만들어지기 시작하는데 축색과 달리 느린 속도로 자란다. 수상돌기는 환경의 영향을 크게 받는 것으로 알려져 있다.

예를 들면, 유전적 원인이 없는 정신지체아의 피질뉴런은 비정상적으로 길고 가느다란 수상돌기 가시(수상돌기에 마치 장미 가시처럼 돌출되어 다른 뉴런의 축색종말과 시냅스를 이루는 부위)를 나타내며 정신지체 정도와 수상돌기의 비정상 정도 간에 상관이 있다는 연구결과가 보고되었다. 뿐만 아니라, 쥐를 풍요로운 환경에서 기르면 박탈환경에서 기른 쥐에 비해 피질이 더 두껍고 수상돌기가 많아진다는 증거도 있다.

뉴런의 분화와 연결 - 뉴런의 이동이 완료되면 시냅스가 형성되면서 뉴런과 뉴런 간의 연결망이 갖추어진다. 뉴런이 처음에 과잉 생산되는 것과 마찬가지로 시냅스 연결 역시 초기에 과잉 형성되어 출생 후 첫 1년 동안 지속적으로 증가한다. 수초화도 이 시기에 이루어지는데 일반적으로 어떤 회로가 수초화하는 것과 때를 같이하여 그 기능도 활성화된다.

좌반구와 우반구를 연결하는 신경섬유인 뇌량이나 고등 인지기능을 담당하는 전두엽과 연합 피질 영역(1차 처리된 감각정보를 전달받아 다른 피질영역의 정보와 통합하며 심층처리를 수행하는 영역)의 수초화는 사춘기 무렵이 되어야 완성된다. 수초화는 성인이 된 뒤에도 계속되는 것으로 알려져 있다.

시냅스의 형성은 모든 뇌 영역에서 한꺼번에 이루어지는 것이 아니라 영역별로 차례차례 이루어진다. 예를 들면, 시각 피질에서는 1살 무렵에 시냅스 밀도가 최고 수준에 도달했다가 4살 이후에 급격히 감소하여 11살에 성인 수준에 도달하는데 전두피질의 경우는 5~7살이 되어야 시냅스 밀도가 감소하기 시작하고 16세 무렵에 비로소 성인과 유사한 수준이 된다.

연결가지 및 뉴런의 감소 – 과잉 증식된 뉴런과 수상돌기, 축색, 시냅스는 사용되지 않으면 자연스럽게 가지치기가 이루어져 소멸하게 된다. 시냅스의 연결은 자주 사용하면 강해지고 사용하지 않으면 약해지는 특성을 지니고 있기 때문에 환경적인 영향을 많이 받는다고 할 수 있다. 시냅스는 유·아동기뿐 아니라 성인이 된 이후에도 경험이나 학습 등에 의해 새롭게 형성될 수 있다.

상식적인 수준에서 생각한다면 뉴런이나 시냅스가 많을수록 기능도 고도화할 것 같지만 반드시 그렇지는 않다. 쉬운 예로, 성인의 인지능력이 아동보다 뛰어나지만 시냅스 밀도는 영아들보다 낮으며, 몇몇 정신지체 사례에서는 정상인보다 오히려 더 많은 시냅스가 관찰되었다. 또한 일부 학습장애 아동의 경우 사후 부검결과에서 정상 크기보다 작은 뉴런들이 특정영역에 비정상적인 덩어리를 이루고 있는 것이 발견되기도 하였다.

♣ 적용 ♣

① TV 프로그램을 선별하여 보도록 시간표를 함께 짠다.
② 컴퓨터도 학습향상에 도움이 되는 곳을 즐겨찾기로 만든다.
③ 주변에 소음이 들리지 않도록 환경을 정리해준다.

33. 뇌의 기능분화

　남녀 간의 신체적인 차이에 대해서 부인할 사람은 아무도 없다. 그러면 지적능력의 차이도 있는가에 대해서 의문이 제기될 수 있다. 일반적으로 시·공간적 능력(우뇌의 기능)에 있어서는 남자가 여자에 비해서 우세하고 반면에 언어적인 능력(좌뇌의 기능)에 있어서는 여자가 더 우세하다.

　뇌의 기능분화에 있어서 남녀 차는 사회적으로 요구되는 역할의 차이와 생리학적인 측면으로 성숙의 정도, 유전인자, 호르몬 등과 관련된 측면에서 기인될 수 있다.

　레비(Levy)는 역사적으로, 남자는 영토 확장자, 사냥꾼으로서 일을 해왔고 여자는 어린이를 돌보는 유모로서 일을 해왔다. 그러므로 남자는 사냥을 하고 영토를 확장하기 위해서 어린아이와 의사소통할 기회가 적었기 때문에 언어적인 능력이 덜 발달되어 남녀 간 차이가 생기게 되었다고 설명한다.

　그러나 뇌의 기능분화에 있어서의 남녀 차는 수십 년 동안 연구되고 있지만 그 결과에 대해서는 갈등과 논쟁점이 되고 있다. 우뇌의 기능에 있어서 남자가 여자에 비해서 우세하다는 주장이 대체로 많으나, 좌뇌의 기능에 있어서는 여자가 더 우세하다는 입장과 남녀 간 차이가 없다는 입장으로 나누어진다.

남녀 간 성숙 정도의 차이가 기능분화의 차이를 나타낸다. 이 같은 남녀 차는 태어날 때부터 비롯된 것 같다. 태어날 때 여자아이는 남자아이보다 거의 4주일이나 발달이 빠르며, 말이나 걸음마를 시작하는 것도 여자아이가 남자아이에 비해서 빠르며, 사춘기에서도 여자가 2, 3년 더 빠르다. 성숙이 더딘 아이는 시·공간적 능력이 높고 조숙한 아이는 언어능력이 더 높다.

따라서 여자는 남자보다 사춘기까지 성숙이 빠르기 때문에 여자가 남자에 비해서 언어능력이 더 높다. 또한 시·공간적인 능력에 있어서 아들은 어머니의 영향을, 딸은 아버지의 영향을 더 밀접하게 받는다는 것이다.

뇌를 해부학적으로 관찰해 보면, 여자의 경우 좌뇌의 측두엽이 남자에 비해서 더 길기 때문에 여자의 언어능력이 더 발달되었다고 보는 주장도 있고 여자의 뇌는 좌뇌가 더 두꺼우며 남자의 뇌는 오른쪽의 후두엽 부분이 더 두껍다는 주장도 있다.

한편 심신의 부조화와 부진에 있어서도 남자는 난독증, 말더듬증, 언어부진, 그리고 과격행동에 밀접하게 관련되어 있고, 여자는 수학부진, 억압(의기소침)과 히스테리 증세에 밀접하게 관련되어 있다.

게슈빈트의 생각에 따르면 다음과 같다. 남성에게서는 남성호르몬의 일종인 테스토스테론이라는 화학물질이 많이 분비되고 있다. 이러한 테스토스테론이 태아의 대뇌 성장 속도에 커다란 영향을 미치는 듯하다. 즉, 이러한 남성호르몬은 뇌의 발육을 억제하며, 반대로 어떤 여성호르몬은 발육을 촉진한다는 사실이 동물실험 등을 통해 알려지게 되었다.

그렇게 되면 남자아이에게 많이 존재하는 테스토스테론은 여자아이에 비해 좌뇌의 성장을 지연시키게 된다. 그러한 결과 남자아이의 우뇌는 좌뇌에 비해 상대적으로 빠르게 발달하게 되는 셈이다. 여자아이 쪽이 빨리 말을 배우고, 남자아이가 여동생과 입씨름을 하는 경우 반드시 지는 이유도 여기서 찾을 수 있는 게 아닐까?

이와 같이 남자아이의 뇌는 여자아이에 비해 발육이 늦다. 하지만 역으로 천천히 '제자리를 찾아' 성장하게 됨으로써 완성된 상태가 더 나아지게 될지도 모른다. 단, 이와 같이 성호르몬이 뇌의 성장에 영향을 미치는 것은 태아에서부터 유아기까지라고 생각할 수 있다.

나이 든 사람들이 옛날 사건들보다 최근의 것을 더 기억하지 못하는 것은 나이가 들면서 기억할 만큼의 큰일이 거의 없어지기 때문일 것이다. 인간의 뇌는 60세를 지나면 뇌세포가 수축하기 때문에 조금씩 가벼워진다. 전형적인 노인의 노화현상은 뇌혈관의 미소한 출혈에 의한 뇌세포의 파괴와 관계가 있다. 이것은 뇌의 노화로, 피할 수 없는 현상이다.

그러나 원래 뇌의 신경회로는 일부분이 파괴되어도 곧 다른 회로가 보상기능을 하도록 이루어져 있기 때문에 뇌 전체가 노화되는 것은 아니다. 왜 뇌가 노화하는가에 대해서 현대의 과학은 아직까지도 확실한 해답을 주지 못하고 있다.

뇌의 노화에 관한 잘못된 상식이 있다. 뇌세포는 20세를 지날 때부터 하루에 수만 개씩 죽어가기 때문에 필연적으로 뇌는 노화한다고 보는 것이다. 확실히 좌우 뇌와 관계없이 뇌세포는 죽는다. 그러나 인간의 뇌세포는 140억 개라는 천문학적인 수이다. 앞에서 설명한 것처럼 자연적으로 소멸되는 것쯤은 문제가 되지 않는다.

개성 있게 개성을 키워주자
사람들마다 눈동자가 다르다
심장이 두근거리는 소리도 다르다
손가락의 지문들이 각각 다르다
각자의 신체와 특성이 다르듯이
그 특성을 자신에게 맞도록
최선을 다하여 최고가 되도록 성장시켜야 한다

♣ 적용 ♣

① 칭찬을 듣고 기분이 좋은 상태로 웃어본다.
② 상을 받고 기분이 좋은 상태를 말과 표정으로 나타내본다.
③ 읽은 책의 내용을 발표하도록 하여 기억력을 되살린다.

34. 날카로운 사고를 길러주자

지능지수의 이용법과 그 정당성을 놓고 오랫동안 교육자와 학부모 사이에 많은 논쟁이 있어 왔다. 그러나 이러한 논쟁이 발생한 까닭은, 실은 지능검사 자체의 문제라기보다는 그 잘못된 사용방법에 있다.

또 하나의 논쟁거리는 곧 검사에 사용된 문항이 문화적으로 편중되어 있음에 관련된 것이다. 어떤 특별한 종류의 능력만이 일방적으로 칭찬 되고 주입되는 사회에서 자란 사람에게만 유리하도록 검사가 짜여 있지 않은가 하는 사실이다.

지능검사는 정확한 예측의 방법이지만 한계 또한 분명하다. 지능검사로 잴 수 있는 것은 확산형 사고에 대비되는 집중적인 사고이다. 집중적인 사고는 미리 정해진 답(주어진 상황에서의 최선의 답)에 이르도록 하는 과정이다.

현재 학교나 가정, 사회에서 문제 해결에 있어 요구하고 있는 것이 이러한 집중적인 사고이다. 바로 사지선다형이나 O, X 식의 문제를 효과적으로 푸는 데 쓰이는 사고과정이기도 한다.

이것은 닫힌 과정으로서 논리적으로 분석을 할 때를 제외하고는 그다지 유용하지 않다. 이러한 집중적 사고에 의한 지능검사에서 높은 점수를 올릴 수 있다는 것에 문제가 있다. 이에 비해 확산형 사고는 제한이 없으며 창조적인 답을 가져오는 특징이 있다.

현재와 같은 학교교육으로 인해 집중형 사고가 발달하지 않은 천재들이 재능을 발휘하지 못하고 묻히거나 능력이 부당하게 평가된 예들이 많다.

에디슨은 저능아란 판단을 받았으며, 아인슈타인은 세 살이 되어서도 말이 서툴렀고 글자도 늦게 깨우쳤다. 물론 학교성적은 바닥이었다. 유명한 심리학자 왓슨은 교사에 반항적이었고, 베토벤을 담당한 음악 선생님은 그를 작곡가로는 낙제생이라고 보았다.

이러한 예들은 대단히 지적이고 확산형 사고의 사람들이 일반인과 다르다는 이유로 인해 부당하게 평가받은 몇몇 사례에 불과하다. 아무튼 확산형 사고를 가진 학생들은 공상가이며 날카로운 사고를 하고 행동이 보통학생들과 다른 경우가 많다.

어느 학생이 교사의 입장에서 보아 그다지 바람직하지 않은 행동이나 학습태도를 취한다면 그렇게 행동하는 여러 가지 이유 중에 높은 지능이나 창조성을 지니고 있기 때문에 그럴 수 있다는 사실을 항상 염두에 두고 이 사실을 간과해서는 안 될 것이다.

♣ 적용 ♣

① 주제에 대하여 예상하고 확인하여 문제를 해결한다.
② 복잡한 문제를 간단히 축소하여 해결한다.
③ 문제의 내용을 다양한 그림으로 그려 해결한다.

35. 대뇌의 기능

대뇌의 기능은 두 개로 나뉜다. 대뇌는 형태와 크기가 거의 같은 두 개의 반구, 즉 좌반구(좌뇌)와 우반구(우뇌)로 나누어져 있다. 각 반구는 몸의 반대쪽을 조절한다. 즉, 오른쪽 눈으로 들어온 시각정보는 좌뇌에서, 왼쪽 눈으로 들어온 시각정보는 우뇌에서 처리된다. 그래서 좌뇌가 손상을 입으면 오른쪽 신체가 마비되고, 우뇌가 손상을 입으면 왼쪽 신체가 마비된다. 이러한 좌뇌와 우뇌는 약 2억 개의 신경섬유 다발로 된 뇌량으로 연결되어 있고 이를 통하여 양쪽 뇌의 정보가 교환된다.

인간의 대뇌는 두 개가 있지만, 뇌량에 의해 하나의 정신을 이루게 되며 하나의 마음의 구조가 생겨 2개의 뇌와 하나의 마음이라고 볼 수 있다. 그래서 인간의 뇌만이 정신이라든가 마음을 만들어낼 수 있는 비밀을 갖고 있다는 것이다. 그런데 출생 시에는 좌뇌와 우뇌가 서로 내부의 조직과 구조가 같고 우뇌가 가지고 있는 기능을 좌뇌도 가지고 있어 한 머릿속에 중복된 기능을 가지고 태어난다.

그러나 차차 성장함에 따라 어떤 특수한 자극에 대해 양 뇌에 같았던 반응능력이 한편으로 치우친다. 이러한 현상을 대뇌의 기능편중 또는 기능분화라고 한다. 대뇌의 기능분화에 관한 연구는 특정 뇌와 부위의 손상으로 인한 실어증 환자를 통해 밝혀졌다.

우뇌에 손상을 입었을 때 언어능력은 남아 있으나, 비언어적인 사건에 대한 기억이 희미해지거나, 길을 잘못 찾아가게 되고 착각하기도 한다(Blakeslee, 1980). 그러나 감정적인 큰 변화는 나타나지 않는다. 반면에, 좌뇌에 손상이 오면 회화능력이 상실되어 실어증이 되는 경우가 있다.

대뇌의 좌우 뇌를 연결하는 뇌량을 절제한 분할뇌 환자는 두 개의 다른 의식을 가지고 있다. 즉, 하나의 머릿속에 두 개의 다른 의식이 있으며 각각은 독자적인 감각, 인식작용, 학습경험 또는 기억이 있기 때문에 각 뇌의 기능에 맞는 과제를 주어야만 그 과제를 해결할 수 있다. 그러나 분할뇌 환자는 수술 후에도 정상으로 보이는 경우가 많다.

이러한 연구결과에 의하면 인간만이 특별하게 발달한 언어중추가 있는 좌뇌는 언어적, 계열적, 시간적, 논리적, 분석적, 이성적이고 디지털적이며, 우뇌는 비언어적, 시·공간적, 동시적, 형태적, 종합적, 직관적으로 아날로그적이다. 좌뇌와 우뇌의 분화된 인지기능을 요약하면 아래와 같다.

좌뇌의 인지기능

언어적: 이름을 부르고, 기술하고, 정의하기 위해 단어를 사용

계열적: 하나의 사물을 다른 것에 이어 계열화하기

시간적: 시간의 항로를 따라가기

논리적: 논리의 기초로 결론 도출, 사물을 논리적인 순서에 따라
　　　　배열

분석적: 사물을 단계적, 부분적으로 분리해서 그리기

이성적: 이성과 사실에 기초하여 결론 도출

우뇌의 인지기능

비언어적: 단어의 최소한 연결을 통해 사물을 인식

시·공간적: 형, 디자인, 그림, 얼굴, 패턴을 인식

공간적: 사물들을 다른 것과 관계 지어 보고, 부분들이 어떻게 전체를 이루게 되는가를 봄

형태적: 전체적인 형태와 구조를 인지, 가끔 확산적 결론을 유도

종합적: 전체를 형성하기 위해 사물을 합치기

직관적: 가끔 불완전한 형태, 예감, 느낌 및 심상에 기초하여 통찰력을 끌어올리기

♡ 사랑은 ♡
종은 누가 그걸 울리기 전에는 종이 아니다
노래는 누가 그걸 부르기 전에는 노래가 아니다
당신 마음속에 있는 사랑도 한쪽으로 치워놓으면 안 된다
사랑은 주기 전에는 사랑이 아니니까
<오스카 햄머스타인>

36. 좌뇌와 우뇌의 기억력

　대뇌생리학과 정보과학 면에서 분석해보면 기억력에 관계된 뇌의 기능을 크게 나누면 다음과 같다.

　① 머리에 많은 정보를 받아들이는 입력능력

　② 다수의 입력된 정보를 머리에 오래 저장하는 파지능력

　③ 입력된 정보를 필요한 때에 끄집어내는 출력능력

　이처럼 기억은 종합작용에 의해서 이루어지는데, 기억증대라는 관점에서 보면 특히 ②의 파지능력이 가장 중요한 요소가 된다는 것은 틀림없을 것이다. 부쩍부쩍 기억을 증대시키려고 하면 정보를 저장하는 장소(기억용량)를 크게 해야 한다는 것이 필요조건이다. 그렇다고 머리가 크면 좋다는 것은 물론 아니다. 요약하면 사용하지 않은 뇌세포를 계발해서 용량을 크게 하면 좋다는 결론이 된다.

　그런데 좌뇌와 우뇌는 서로 다른 방식으로 기억을 하는데 이에 대해 간단히 알아보도록 하자. 좌뇌는 논리적으로 기억하는 것이다. 예를 들면 우리들이 영어를 배울 때 단어나 숙어의 의미를 기억하는 것, 또는 수학이나 물리문제를 풀 때 공식을 활용하는 것은 좌뇌의 작용

에 의한 것이다. 우뇌는 영상·심상적으로 기억을 한다.

예를 들면 이전에 본 풍경이나 사람의 얼굴이 머릿속에 떠오르는 것, 또는 자기 집과 타인의 집을 식별하거나 이정표(지도책)를 보고 행선지를 찾아가는 것, 사람의 음성이나 멜로디, 분위기를 생각해내는 것은 우뇌의 작용에 의한 것이다.

기억술에는 양쪽 뇌의 연계(협동)가 반드시 필요하다. 보통 무엇인가에 의식을 집중하면 관찰력은 좁은 범위에 한정되고, 역으로 광범위한 관찰을 하면 주의력이 산만해져 시야에 비쳤는데도 기억할 수 없다는 이율배반의 관계에 있다.

인간은 보통(평소) 어느 정도까지 의식을 집중해서 관찰하지 않으면 기억할 수가 없다. 그런데 관찰할 때에 좁은 범위밖에 볼 수 없으면 점점 영상적인 재현능력이 나빠진다. 즉 우뇌가 활동할 수 없게 된다. 그래서 기억력을 증가시키려면 우뇌를 계발해야 한다.

심상이나 상상 등 감각적인 분야를 담당하고 있는 우뇌는 좌뇌에 비하면 받아들일 수 있는 기억용량이 무한대에 가깝기 때문이다. 그래서 우뇌를 충분히 사용하도록 계발하면 기억력도 부쩍부쩍 증대된다. 기억용량이 좁은 좌뇌에 여러 가지를 기억한다는 것은 조그마한 컵에 물을 넣는 것과 같은 것이다.

이것에 대해서 우뇌는 물통이라고 생각하면 좋다. 물통을 사용하는 편이 많은 정보를 채울 수 있는 것은 말할 것도 없다. 그러나 이 사실을 알더라도 좀처럼 우뇌를 능숙하게 사용하는 사람은 적을 것이다. 그 이유는 습관이 방해를 하기 때문이다. 주로 좌뇌만을 사용해온 사람은 언어로 사물을 판단하고 언어로 기억하는 습관이 몸에 배어버렸기 때문이다.

그래서 심상 기억 우선인 우뇌를 능숙하게 활용할 수 없는 것이다. 이런 면에서 볼 때 우뇌의 활성화는 무엇보다 중요하다는 것을 알 수 있다.

♣ 적용 ♣

① 칭찬한 사람들의 얼굴을 떠올리고 그 말을 되새겨본다.
② 동그라미를 여러 가지 모형으로 변형시켜본다.
③ 머리로 생각한 것을 그림으로 자세히 그려본다.

37. 전뇌의 정보처리

좌뇌는 개조적으로 직렬 처리한다. 즉, A이면 B, B이면 C…… 처럼 논리적인 순서를 밟아 생각해간다. 이렇게 차례대로 하나씩 처리해가는 방식을 '직렬처리'라 한다.

자기 주위에 있는 물건을 잃어버리지 않도록 체크리스트를 작성해서 하나하나 리스트와 대응시켜 체크해가는 방식이나 문단속이 필요한 데를 하나씩 차례대로 확인해가는 등의 방식이 직렬처리에 속한다. 수업이나 연수를 받을 때 강사는 흑판에 글씨를 쓰면서 강의를 한다. 이때 우리는 흑판 전체가 시야에 들어와도 판서하고 있는 곳에만 의식을 집중해서 강의를 듣는다. 이것은 평소 병렬처리를 소홀히 하고 직렬처리에만 익숙해졌기 때문이다.

우뇌는 영상적으로 병렬처리한다. 영상이나 심상은 논리와 달리 2차원이나 3차원의 넓은 범위를 가지고 있다. 이것을 세밀히 분해해서 처음부터 차례대로 보면 의미를 알 수가 없다. 그러므로 한 번에 전체를 보도록 한다. 이것이 병렬처리이며 순간적이다.

일상생활 속에서 누구나 경험하는 가장 일반적인 병렬처리는 경치를 바라볼 때이다. 경치 전체를 순간적으로 바라볼 때는 세심한 신경을 쓰지 않기 때문에 본래 의미의 무의식과는 다르지만 상당히 무의식적이라고 말할 수가 있다. 이러한 견해는 거의 신경을 피로하게 하지 않는다.

논리적인 일에 몰두하면 직렬처리를 피할 수 없는데, 직렬처리만 하면 많은 시간을 낭비한다. 그래서 언제나 직렬처리를 하면 점점 직렬처리에만 습관화되어 눈앞의 부분만 보고 전체를 볼 수 없게 된다. 그렇게 되면 전체를 본다든가 전체에 있어서 부분의 역할을 정확히 파악하고자 할 때에 생각처럼 되지 않아 실패하거나 간과하는 사태를 초래할 우려가 있다.

병렬처리가 가능한 사람은 능숙하게 직렬처리에도 몰두하여 시간을 절약한다. 또한 이렇게 하면 번뜩이는 힘도 강해진다. 머리는 광범위하게 사용하면 피로하지 않지만 한 부분에 한정해서 사용하면 급격하게 피로하게 된다. 흔히 "필요 이상으로 생각하다 보면 머리가 피로해지기 때문에 도리어 손해다"라고 말하는 사람이 있는데, 그것은 머리를 사용하는 방식 때문이다.

하나하나, 처음부터, 차례대로라는 직렬처리 방식으로 재차 무엇인가 다른 것을 필요 이상으로 생각하고자 하면 확실히 피로해지고 그 피로의 정도도 심해진다.

♣ 적용 ♣

① 휴식시간을 적절히 활용하면서 영양을 공급해주어야 한다.
② 좌뇌와 우뇌를 번갈아 활용할 수 있는 학습자료를 제공해준다.
③ 생각하면서 행동하고, 말을 하면서 행동한다.

38. 기억력을 증진시켜야 한다

　기억력 증진을 위해 얼마나 투자하고 있는가? 혹시 '기억력은 타고
나는 것', 또는 '나이 들면 떨어지는 것'이라고 생각하지는 않는가?
하지만 이런 고정관념은 버려야 할 것 같다. 뇌의 능력은 선천적인
면보다 후천적인 노력에 의해 만들어진다는 것이 전문가들의 설명이
다. 노화와 함께 나타나는 기억력 감퇴 역시 뇌를 사용하지 않기 때
문에 나타나는 현상일 뿐이라는 것이다. 당장 우리의 잠자고 있는 뇌
를 깨워야 한다.

　뇌 운동은 효과가 있나? 기억은 어떻게 이뤄질까? 기억을 담당하
는 뇌 부위는 해마(海馬)와 대뇌피질(大腦皮質)이다. 해마가 정보창구
라면 대뇌피질은 정보를 보관하는 창고이다. 알츠하이머 환자가 과거
의 일은 회상하면서 새로운 정보를 기억하지 못하는 것은 뇌의 입력
부위인 해마가 손상됐기 때문이다.

　대뇌피질에 기억이 만들어지는 구조는 마치 숲 속에 길이 나는 것
과 같다. 무수한 뇌신경세포가 거미줄처럼 연결돼 교신하면서 점차
강화되는 것이다. 반복 학습된 내용이 잘 기억되는 것은 사람이 많이

다닌 길일수록 뚜렷해지는 것과 같은 이치다.

기억력을 강화하면 수상돌기라는 뇌신경세포 가지가 튼튼해진다. 런던의 택시 기사를 대상으로 한 연구에 따르면 이들의 공간지각을 나타내는 뇌 부위가 일반인보다 2~3% 큰 것으로 나타났다. 사용하지 않으면 퇴화하기도 한다.

나이가 들면 기억력이 감퇴하나? 왜 젊었을 때보다 이름이나 숫자를 외우는 능력이 떨어질까? 하지만 전문가들은 '뇌는 태어나는 것이 아니라 만들어진다'라고 설명한다. 이 말의 함축적인 의미는 노화에 의한 퇴행보다는 집중력 부족, 반복 기억 횟수의 감소가 원인이라는 것이다.

나이 들어서도 뇌 활동을 많이 하면 근육처럼 뇌신경세포가 발달한다는 연구결과도 있다. 늙은 쥐와 젊은 쥐를 함께 생활하게 했더니 늙은 쥐의 뇌 무게가 10%쯤 늘었다는 것이다. 흥미와 관심이 뇌 활동을 자극하고, 이로 인해 뇌신경세포가 근육처럼 커진 것이다.

기억력을 감퇴시키는 주범은 오히려 생활습관이다. 우선 뇌에 걸리는 과부하를 들 수 있다. 업무폭주와 과도한 학습, 수면부족은 뇌를 지치게 한다. 피로한 뇌세포는 심각한 건망증의 원인이다. 뇌의 구조는 여러 가지 사항을 동시 입력하지 못한다. 두 가지 일을 같은 시간에 할 수 없다. 따라서 동시에 기억할 내용이 있으면 한 가지에만 집중하고 나머지는 메모를 해 과부하를 덜어줘야 한다.

스트레스는 기억력을 떨어뜨리는 또 다른 원인이다. 스트레스 호르몬인 코티솔이 기억기능을 맡고 있는 뇌의 일부를 손상시킨다는 연구결과도 있다.

술과 담배도 기억력을 감퇴시킨다. 술은 뇌의 통신회로를 일시적으로 마비시키지만 이러한 행위가 반복되면 기억능력이 아예 떨어진다. 담배는 뇌로 흘러들어 가는 신선한 산소와 포도당의 공급로인 혈관을 축소할 뿐 아니라 뇌신경세포를 파괴하는 악영향도 미친다.

기억력을 증진하려면, 가장 중요한 것은 주의를 집중하는 것이다. 나이가 들수록 배우는 일에 게을러지고 이에 따라 집중력도 떨어진다. 따라서 의도적으로 집중력을 높이려는 자세가 필요하다. 예컨대 집중이 필요할 때는 조용한 환경을 만들어준다거나 큰소리로 반복해 보는 것이다. 딱딱한 글보다는 쉽고 흥미로운 글부터 읽으면서 집중력을 키워보자.

좌뇌와 우뇌를 골고루 자극해야 한다. 일반적으로 좌뇌는 언어·수리·분석·논리·이성적인 면을, 우뇌는 비언어·시공간·직관·감성적인 면을 맡는다. 기억력을 키우려면 전뇌를 골고루 발달시켜야 한다. 하지만 입시교육과 직장인의 업무는 모두 좌뇌 중심으로 되어 있다. 따라서 의도적으로 우뇌를 발달시켜야 한다. 미술·음악 등 취미생활도 좋고, 맛있는 음식을 찾아다니고, 좋은 향을 맡는 것도 우뇌를 자극한다. 우뇌를 발달시키는 데 손과 발을 활용하는 방법도 있다. 손, 발은 뇌가 파견한 기관이라는 말이 있다. 뇌 위치와 손은 반대이므로 왼손으로 작업을 하거나, 왼발로 공을 차는 등 활용도를 높인다.

기억하는 데도 기술이 필요하다. 머릿속에 그림을 그리는 것은 기초적인 방법이다. 차를 주차할 때 입구, 주변 상황, 주차방향 등을 머릿속에 그려보자. 회의할 때 탁자에 앉은 사람을 사진처럼 뇌 속에 찍어두면 유용하다. 체계화와 연상방법도 있다. 잘 생각나는 단어에

이름이나 색, 사건 등을 연계시켜 기억창고에 담아둔다. 기억의 연결
고리를 만들어두라는 것이다. 다양한 정신활동과 규칙적인 운동을 해
야 한다. 기억은 반복에 의한 신경전달 통로의 강화다. 외국어를 배우
는 것과 같이 뇌를 지속적으로 자극해야 한다.

♣ 적용 ♣

① 암기할 단어와 고정되어 있는 현상을 연결시키는 훈련이 필요하다.
② 어제 외운 것을 오늘 다시 확인해본다.
③ 잠자기 전에 자연현상과 외우고 있는 내용을 대입시켜본다.

39. 다양한 전뇌발달 방법

<u>우뇌를 발달시키려면</u>

① 상대방의 눈과 표정을 보며 대화한다.

② 옷을 입을 때 색과 모양을 여러 가지로 조합해 입어본다.

③ 비논리적인 상상과 공상을 한다.

④ 말을 할 때 제스처를 쓰고 표정을 다양하게 구사한다.

⑤ 평소 다니던 길을 벗어나 새로운 식당, 찻집을 찾는다.

⑥ 젊은이들의 노래나 춤을 배워본다.

⑦ 스킨십을 통해 교감을 얻는다.

⑧ 손, 발을 이용한 작업이나 놀이를 한다.

⑨ 낙천적으로 생각한다.

⑩ 혼자 여행해본다.

<u>좌뇌를 발달시키려면</u>

① 주의집중은 최고의 기억력 증진 활동이다.

② 반복 학습으로 뇌신경회로를 강화한다.

③ 지나친 학습과부하를 덜어본다.

④ 사진을 찍듯 머릿속에 사물을 그려본다.

⑤ 이름, 숫자, 색 등 기억의 연결고리를 만들어본다.

⑥ 새 기계를 사면 반드시 매뉴얼을 읽어본다.

⑦ 업무매뉴얼을 만들고 순서를 정해본다.

⑧ 명랑한 감정을 유지하고, 감정표현에 솔직하자.

⑨ 술과 담배를 자제한다.

⑩ 규칙적으로 운동한다.

마음이 밝아지려면……

작은 것에 감사한대요
어제의 아쉬움과 내일의 기대에
너무 매달리지 말고

지금 이 순간에 만족하고
나보다 더 낮은 곳을 바라보아요

가장 행복했던 시간을 생각합시다
지금 그대로를 인정하며
나를 믿고 자신감을 가집시다

마음속에 꽃밭을 일궈
밝고 고운 예쁜 꽃을 피워보세요
밝은 열매가 주렁주렁 맺을 거예요

마음은
자신을 움직이는 굴렁쇠 같아요
자신이 밀고 굴리는 대로 굴러가는 굴렁쇠……

자신을 힘껏 밀어보세요
밝은 마음이 있는 곳으로……
밝고 고운 마음이 있는 곳으로요

마음은 자신을 움직이는 굴렁쇠와 같다네요
오늘 밝은 쪽으로 힘껏 밀어보았네요
마음이 밝아졌습니다(화해, 용서, 비움……)

오늘도 밝은 마음 쪽으로 힘껏 밀어서
행복의 날 되시고
웃음 가득한 나날 되시기 바랍니다

40. 놀이는 최고의 두뇌계발법

뛰어난 재능, 뛰어난 지능을 가진 아이를 만들고 싶다. 치열한 현대사회를 잘살아가려면 남보다 특출한 능력이 있어야 할 것 같다. 우리가 살고 있는 지금 이 순간도 그러니 미래는 더더욱 그럴 것이다. 그러니 부모로선 우선 두뇌계발을 위해 적극 도와줘야 하지 않겠는가? 그러기 위해선 역시 무리를 해서라도 어릴 때부터 교육을 시켜야 할 것 같다.

이 같은 부모들의 생각은 영재교육·재능교육·특수교육·선행학습 등 다양한 이름으로 자녀를 영아기부터 학습의 장으로 내몬다. 과연 두뇌계발은 이와 같은 학습에 대한 무조건적인 투자만으로 이뤄질 수 있을까?

산후조리가 끝난 뒤부터 아이에게 동화책을 읽어줬던 K군(2) 어머니. 하지만 K군의 언어발달은 또래보다 6개월 정도 늦다. 왜일까? 서울대 소아정신과 교수는 "개개인의 능력은 시기별로 발달과제가 다르므로 아이의 수준에 맞는 눈높이 양육이 필요하다"라고 강조한다. 지능발달 역시 신체발달처럼 단계적으로 일어나기 때문이란 것이다. 예컨대 앉은 뒤에야 걸을 수 있듯 영아기엔 문자를 통해서가 아니라 신체접촉이나 활동을 통해 두뇌계발이 이뤄진다. 따라서 이 또래 아이들은 많이 안아주고(촉각), 월령(月齡)에 맞는 장난감을 주는 등(시각) 다양한 자극을 줘야 두뇌계발이 잘된다. 즉, 백일 된 아이에겐 동화책을 읽어주기보다 딸랑이를 쥐고 놀게 하는 게 좋다는 이야기다.

걸음마를 시작하면서 아이들의 신체활동은 더욱 활발해진다. 이 무렵이면 아이들은 걸을 수 있고 무언가 혼자서 할 수 있다는 사실에 희열을 느낀다. 따라서 글을 가르치기보다는 처음부터 끝까지 스스로 무언가를 하도록 해 성취 기쁨을 맛볼 수 있게 해야 한다.

성균관대 의대 삼성서울병원 정유숙 교수는 "가위질, 풀칠 등이 서툴러도 스스로 하도록 하고 어른은 안전한 재료를 제공하는 정도의 역할만 하는 게 좋다"고 설명한다.

유아기 두뇌계발은 주입식 문자교육이나 지식습득보다 세상을 탐색하는 과정에서 이뤄진다. 따라서 또래를 통한 놀이가 가장 좋은 학습법이다. 레고·로봇·인형 만들기 등을 통해 조작능력을 키우거나 놀이 같은 유아용 교재도 도움이 된다. 굳이 글자를 일찍 가르치고 싶을 땐 벽에 글자를 붙여 놔 자연스레 아이 스스로가 물어보도록 유도하라.

초등학교 땐 자기중심적 사고를 극복하고 구체적인 사실을 익혀야 한다. 자연학습·탐구학습 등을 통해 자연스레 이뤄지는 게 좋으며 문자를 통한 지식습득은 도구로 사용되는 게 좋다.

창의성을 계발하려면 나도 있고 남도 있다는 사실을 알고 친구가 나와 다를 수 있다는 점을 받아들이도록 해야 한다. 그러려면 아이가 상식과 다른 엉뚱한 논리나 독특한 제안을 하더라도 어른의 시각에서 옳고 그르다는 식의 반응을 보여선 안 된다. 대신 여러 측면에서 다양한 사고를 할 수 있다는 점을 인정해준 뒤 일반론을 설명해줘야 한다. 훈육도 일방적인 훈계보다는 아이가 이해할 수 있는 단어를 사용해 대화형식을 갖춤으로써 아이가 어른을 믿고, 이해하며 따를 수 있도록 해야 한다. 이 시기가 되면 적성검사·지능검사를 통해 내 아이의 수준과 장·단점을 파악해볼 필요가 있다.

중·고등학교 땐 두뇌계발을 위해 논리적 사고력을 키워줘야 하므로 가능한 주제를 놓고 또래끼리, 혹은 어른과 토론을 하거나 독후감·논술 등을 많이 써보는 것이 권장된다.

♣ 적용 ♣

① 전문기관에서 적성검사를 실시하여 특기를 길러준다.
② 친구들과 함께 하나의 주제로 다양한 생각을 하게 한다.
③ 이야기를 들려줄 때는 천천히, 정확하게 읽어준다.

제2부
영재교육

영재를 만드는 부모의 행동 *10*

1. 선택할 수 있는 기회를 주고, 책임지게 한다
2. 글·그림, 수학·음악, 독서·체육을 동시에 시킨다
3. 새로운 것을 배울 때 긴장을 풀어준다
4. 배울 때는 모든 감각을 동원하게 한다
5. '만약'을 이용해 제한 없는 사고를 키워준다
6. 조용하고 평화로운 집안 분위기를 만든다
7. 긍정적이고 유쾌한 몸짓과 말로 대화한다
8. 서투르게 한 일에 대해 과도한 동정은 금한다
9. 대안을 생각하게 하고 먼저 본을 보인다
10. 부모 자신을 스스로 평가한다

(출처: 세계영재학회)

41. 모든 어린이에게 영재교육을

'평범한 학생'도 함께 받는 美 영재교육

미국은 소수의 만능천재보다 특정과목과 특정분야에 소질이 있는 학생을 찾아 능력을 계발시켜주고, 지식을 암기하는 것보다 논리력, 사고력, 문제해결능력을 키우는 데 중점을 두고 있다.

드보즈는 이번 학기에 세계 각 지역의 경제제도를 연구하느라 바쁘다. 인터넷과 책에서 구한 자료들을 기초로 주요국가의 은행, 화폐제도, 기업과 정부의 정책들을 공부하고 있다. 드보즈가 이렇게 각 나라의 경제제도를 연구하고 있는 이유는 같은 반 친구 4명과 함께 팀을 이뤄 자신들만의 '새로운 문명(new civilization)'을 하나 건설해보라는 프로젝트를 받았기 때문이다.

한 학기 내내 진행되는 이 프로젝트는 기존의 문명, 국가제도와는 다른 색다른 문명을 만들고 그 문명에 사는 사람들의 정치, 경제, 사회, 문화를 설계하는 것이 목표다. 드보즈는 같은 팀에 속한 친구들과 역할을 분담했고 자신은 경제 분야에 대한 기초연구를 맡았다. 드보즈가 맡고 있는 이 프로젝트의 수준은 일반 7학년 학생들이 수행하는 프로젝트에 비하면 상당히 높은 편이다. 드보즈가 이런 프로젝트를 진행하고 있는 이유는 그가 미국 영재교육의 출발점인 'GT 학급'의 학생이기 때문이다.

GT란 'Gifted and Talented'의 약자다. 즉, 재능과 능력을 많이 갖춘 학생이란 뜻이다. 드보즈가 사는 페어팩스 카운티에서만 약 2만여 명의 학생들이 GT 학교 또는 학급에 소속돼 같은 학년 학생들과는 차별화된 교육을 받고 있다. 미국의 모든 주에는 GT와 같은 영재교육 프로그램이 갖춰져 있는데 그 명칭은 지역에 따라 GT, GATE(Gifted and Talented Education), TAG(Talented and Gifted) 등으로 약간씩 다르다.

지능검사에서 10% 안에 들지 못해도 영재교육 받아
"한 분야에서 최고가 되는 전문가를 키우자"

GT가 미국 영재교육의 기초단위지만 흔히 생각하는 것처럼 몇만 명에 하나 나오는 '천재'들을 교육하는 시스템은 아니다. GT는 오히려 대부분 학생들이 한 가지씩은 가지고 있는 그 자신만의 능력과 관심분야를 찾아낸 뒤, 그 분야를 집중적으로 개발할 수 있도록 돕는 교육과정이다. 즉, 일정수준 이상의 학생들을 위한 능력계발에 가깝다는 뜻이다. 물론 매우 탁월한 두뇌를 가진 학생들은 GT 내에서도 '매우 탁월한 재능과 능력을 갖춘 학생(highly gifted and talented)'으로 분류돼 특수한 커리큘럼에 따른 학습기회를 가진다. 이런 학생들은 중학교를 거치면서 특별히 선발되는 고등학교에 진학하거나 대학 등에서 실시하는 소수를 위한 특수교육 과정에 진입한다.

미국의 영재개념도 본래 전통적으로 소수의 천재들을 위한 교육이었다. 어렸을 때부터 상위 1~5% 정도 지능을 가진 몇몇 아이들을 선발해 특별한 천재로 키우는 것을 목표로 했다. 상위 5% 이내의 학생들을 선택하기보다는 상위 10~20% 정도의 수준이라도 일부 과목이나 특정분야에서 관심과 능력을 보인다면 그 분야를 집중적으로 교육시키는 것이다. 드보즈 역시 지능검사와 기타평가에서는 상위 10% 안에 들지 못했지만 수학과목에서 탁월한 능력을 보여 GT 학급에 선발됐다. 이 같은 영재개념의 변화는 모든 아이들은 각기 다 다르며 나름대로 재능을 타고난다는 인식에서 비롯된다. 이는 모든 과목을 다 잘하는 팔방미인뿐 아니라 특정한 과목을 매우 잘하는 한 분야의 전문가에게도 같은 관심을 기울여야 한다는 교육철학에 기초하고 있다. 이를테면 '모든 과목에서 A를 받는 학생도 중요하지만 과학에서만큼은 항상 A를 받는 학생의 능력도 함께 계발해야 한다'라는 것이다. 어릴 때부터 이 같은 교육을 통해 한 분야에서만큼은 최고가 되는 전문가를 키워내자는 것이 미국 영재교육의 목표다.

지식교육을 강조하지 않는다
문제해결능력 교육과 잠재적인 능력을 끌어내 준다

페어팩스 카운티의 경우 초등학교 2학년 때 공통으로 실시하는 지능검사 결과, 학교성적, 선생님이나 학부모의 추천을 통해 GT 학급에 포함될 학생들을 선발한다. 2학년 때 선발되지 못했어도 8학년까지 매년 새로 평가를 받아 GT에 선발될 수 있다. 지능검사나 학교성적이 중요하긴 하지만 이와 상관없이 작문이나 사생대회에서 입상을 했거나 특정과목에서 독특한 과제물을 제출하는 등 '학생의 특별함'을 보여주는 모든 자료를 참고해 학생을 선발한다. 미국 대부분의 지역에서도 비슷한 기준으로 GT 학생들을 뽑는다.

미국교육 전반이 다 그렇지만 GT에서는 지식교육을 강조하지 않는다. 학생이 가진 지식의 양보다는 지식을 습득하는 능력과 문제해결능력을 훨씬 중요시한다. 따라서 GT 학급에서는 무엇을 더 많이 알고 암기하느냐는 관심사항이 아니다. 그 대신 논리력, 사고력, 문제해결능력 등이 훨씬 중시된다. GT 학생들의 수업이나 과제물은 어떤 문제 하나라도 쉽게 답을 찾을 수 있는 것이 없다. 오래 고민하고 머리를 쓰지 않으면 적절한 답을 찾기 쉽지 않다.

페어팩스 카운티 교육구의 캐롤 혼 조정관은 "GT 학급에서는 학생들이 자신만의 생각과 느낌을 표현하는 데 중점을 두고 있다"며 "지적인 자극과 도전의식을 갖게 해 잠재적인 능력을 밖으로 끌어낼 수 있도록 지도한다"라고 말했다. 그는 또한 "지적능력이란 얼마나 많은 것을 알고 있느냐 또는 얼마나 빨리 지식을 배울 수 있느냐가 아니다"라며 "모르는 문제에 부딪혔을 때 그 답을 찾아내기 위해서 어떻게 행동해야 하는지 알고 있는 것이 진정한 지적능력"이라고 강조했다.

42. 미국의 영재교육

(1) 교과목별 영재반

① 판별: 학자들은 다단계 판별절차를 거쳐 영재를 판별할 것을 요구하지만, 실제적으로 초등학교의 경우는 대체로 지능검사를 실시하여 영재를 판별하는 것으로 나타났다.

② 교육과정: 정규교육과정을 심화하여 지도하고, 이를 위하여 내용, 과정, 산출, 환경의 네 측면에서 변별화하는 방법을 적용, 교육과정을 변경 지도한다.

③ 교사: 영재교육 전담교사가 배치되나, 과목별로 각기 다른 교사가 지도하지는 않는다.

④ 교과목별 영재반 운영: 학생의 수강신청에 의해 희망별로 교과목별 영재반이 자연스럽게 꾸며지며 교과목별로 수업을 소수의 학생들이 받게 된다.

(2) 시간제 영재학급(Pull-out)

① 판별: 교과목별 영재반에서 실시하는 판별기준을 그대로 적용한다.

② 교육과정: 특별히 정해진 교육과정은 없다. 순회교사가 준비한 교육을 받을 수도 있고, 그 학교에 소속된 영재교육 전담교사가 준비한 교육을 받을 수도 있다. 중요한 것은 각 학생들의 희망과 관심을 충분히 고려하여 교사가 교수·학습 자료를 마련한다는 점이다.

③ 교사: 교육청에 소속된 순회교사가 여러 학교를 돌아다니면서 지도하거나, 특정학교에 소속되어 그 학교의 학생들만을 정해진 시간표에 따라 지도하기도 한다.

④ 집단편성 및 운영: 재능영역별, 희망수준별로 동질적인 학생들을 1~15명씩 집단 편성하여 수업한다. 보통 1주일에 1~3회 정도 만나서 매회 1~2시간씩 함께 학습을 한다.

(3) 재능학교

① 판별: 학생의 능력을 확인하지만, 학생들의 희망분야가 재능학교에서 제공하는 프로그램의 영역과 일치되는 것을 가장 중요하게 여긴다. 학교에서는 입학하고자 하는 학생들을 대상으로 학교를 개방하여 공개하고, 다양한 자료를 바탕으로 교육대상자를 선별한다.

② 교육과정: 음악, 컴퓨터, 미술, 과학 등 정해진 특정영역의 학습

을 더 많이 할 수 있도록 비중 있게 편성한다.

③ 교사: 특정영역의 전문성을 가진 교사들이 많이 배당되어 특정 영역을 전문적으로 지도한다.

④ 집단편성 및 운영: 교육과정 편제 이외의 학교 운영방식은 일반 학교와 유사하다.

(4) 일반학교와 학급에서의 심화학습을 활용한 영재교육

① 판별: 표준화 검사 점수를 기준으로 전체 영재학생의 50%를 선발하고, 나머지 50%는 교사, 학부모, 학생 자신의 추천에 의하여 선발한다. 그러나 제1부 심화와 제2부 심화학습은 일반학생 중 희망자를 대상으로 하여 제공한다. 이 희망학생들 중 강한 관심과 동기를 갖는 학생들은 제3부 심화에도 참여할 수 있도록 기회를 부여한다.

② 교육과정: 정규 교육과정을 짧은 시간 동안 이수하고 남은 시간에 심화학습을 실시한다.

③ 교사: 일반학급의 담임교사와 영재 심화학습 담당교사가 서로 협력하여 프로그램을 진행하되, 영재 심화학습 담당교사는 일반학급 담임교사가 일반학급에서 영재를 위한 개별화 교육을 실시하는 데 필요한 정보와 자문을 제공한다.

④ 집단편성 및 운영: 일반학급에서의 담임교사와의 심화학습, 전체학생을 대상으로 한 1부와 2부 심화학습, 특정학생만을 대상으로 하는 3부 심화학습을 희망별로 각기 다른 집단편성 및 운영이 이루어진다. 특히 이 모형은 회전문모형이라고 불릴 정도

로 영재교육 대상자가 고정되어 있지 않고, 수시로 특정주제에 대해서 깊이 있는 탐구를 하고자 하는 학생들을 대상으로 수시로 희망별로 신청에 의하여 심화학습이 이루어진다.

(5) 심화클럽 영재교육

① 영재의 판별: 한국의 특별활동과 비슷한 형태이다. 전통적인 의미의 영재판별 과정은 없으나 학생들의 관심분야와 학습스타일을 조사하여 심화클럽 구성원을 정할 때 참고로 한다. 영재들을 능력에 의해서 판별하지 않는다. 전교생이 자신의 관심분야에 따라 전 교직원이 참여하여 제공하는 심화클럽에 가입한다.

② 교육과정: 정해진 교육과정이 없다. 전 교직원이 각자의 관심분야와 전문적인 수준을 고려하여 심화학습을 이끌어갈 수 있는 특정주제 또는 영역을 제시한다. 제공하고자 하는 심화클럽 활동은 가능한 한 영역을 세분화하여 학생의 관심분야에 따라 희망별로 가장 적절한 선택이 누구나 가능하도록 한다.

③ 교사: 교사자격증을 소지한 담당교사, 행정직원, 지역사회 전문가, 학부모 등 가능한 모든 인사를 끌어들인다.

④ 집단편성 및 운영: 정규수업 시간 중 1주당 3~5시간의 블록을 집중적으로 활용하여 심화클럽을 운영한다.

토마스 제퍼슨 과학기술고등학교

(1) 영재 선발과정(Talent Selection Course)

토마스 제퍼슨 과학고등학교의 신입생은 8학년인 학생을 대상으로 하는데 선발기준은 과학, 수학, 컴퓨터 과학, 기술 교과의 학습에서 뛰어난 능력과 적성, 이전 학업성적, 흥미와 동기, 사회성, 자기소개서 등이다.

<선발 참고>

① 7·8학년 과학·수학·컴퓨터 과학·기술 성적

② 교사추천서

③ 자기소개서

④ 논술성적 등

일반학교의 9학년 학생이 이 학교의 2학년으로 편입할 수 있으며, 편입 여부는 과학, 수학, 컴퓨터 과학, 기술 교과목의 학습에서 뛰어난 능력과 적성, 이전 학업성적, PSAT나 SAT 점수, 흥미와 동기, 연구나 공학실험실에서의 개인연구에의 준비성 등으로 평가하며 영어, 독일어, 생물, 대수 등에서 일정수준 이상의 성취를 해야 한다.

(2) 교육과정의 특징(Keynote of Curriculum)

광범위한 교과목을 구조화한 교육과정을 제공하며, 특히 과학과 공학부문에는 AP(Advanced Placement) 과정과 대학수준의 과목들이 포함되어 있다. 9학년부터 12학년까지 4년 과정의 2학기제로 운영된다.

교과목에는 필수과목과 선택과목이 있으며, 졸업학점제로 운영하고 있다. 4학년 학생들은 학교에서 공부한 경험들을 총체적으로 모아 학업의 정점이라고 할 수 있는 공학실험을 성공적으로 이수해야 한다.

(3) 다양한 학습활동

일과 시작: 오전 7시 30분	
1교시~7교시	교과수업
8교시	다양한 학습활동 (실험, 예·체능, 클럽활동 등)
일과 끝: 오후 3시 50분	

(4) 교과군(Curriculum)

과학, 수학과 함께 공학이 매우 강조되는 학교로, 교과군은 컴퓨터, 과학, 영어, 예술, 인문, 외국어, 수학, 체육, 과학, 공학, 사회과학, 공학적 연구실험 등이 있다.

① 컴퓨터 과학교과군

이 분야에 적성과 흥미가 있는 학생들에게 4년 동안 지속적으로 제공하며 AP 과목들도 포함되어 있다. 다양한 마이크로컴퓨터 시스템과 미니컴퓨터 시스템은 이러한 광범위한 프로그램을 지원하는 데 매우 유용하게 활용된다.

② 영어교과군

-9학년 영어: 생물, 공학 그리고 엔지니어링의 개념과 통합되어 있으며, 읽기, 쓰기, 말하기, 듣기와 같은 기본적인 의사소통 기술의 학습을 강조한다.

-10학년 영어: 세계사 및 지리

-11학년 영어: 미국사와 통합

-12학년 영어: 영어과목과 함께 AP 영어과목이 개설되어 있으며 선택과목의 대표적인 예로는 저널리즘, 영화예술, 작문, 세미나 등이 있다.

③ 예능과 인문교과군

예능과 관련하여 최소한 1학점 이상을 이수해야 졸업이 가능하며, 관련된 교과목으로는 합창, 밴드, 오케스트라, 미술, 저널리즘, 철학, 비교종교학, 심리학, 영화, 예술 등이 있다. 심화수준의 과목이나 부가적인 교과목은 11, 12학년에 개설된다.

④ 외국어교과군

5년 동안 불어, 독어, 스페인어, 일본어, 러시아어 등의 프로그램을 제공하며, 불어, 독어, 라틴어, 스페인어에서는 AP 과목도 수강할 수 있다. 학생들은 최소한 3년 동안 하나의 외국어를 수강해야만 한다. 특히 현대 언어에서는 의사소통과 그 나라의 문화에 대한 이해를 강조하며, 라틴어에서는 어원, 문법, 로마와 그리스의 문명을 학습한다.

⑤ 수학교과군

4년 과정으로 제공되는 대수, 기하, 삼각법, 함수, AP 미적분학 등 포괄적인 프로그램으로 구성되어 있다. 이러한 주제들은 관련된 교과목을 성공적으로 이수하는 데 도움이 될 수 있는 방식과 순서로 제공된다. 선택과목으로는 미적분학, 선형대수, 미분방정식, AP 통계학 등이 있다.

⑥ 체육교과군

2년 과정으로 구성되어 있으며, 개인스포츠와 단체스포츠뿐만 아니라 건강도 강조한다. 체육교과의 목적은 학생들에게 평생 동안의 건강에 도움이 될 수 있는 기초기능들을 준비시키고, 스포츠나 신체활동에 대한 흥미를 증진시키는 것이다.

⑦ 과학과 공학교과군

9학년 학생들은 IEBT(Integrated introduction to English, Biology, and Technology)를 수강해야 한다. 10~12학년 학생들은 분석화학, 물리, 지구과학 등과 같은 과학과목을 학습해야 한다. 광범위하고 다양한 과목 및 공학과목들을 선택하여 수강할 수 있으며 이를 통해 4학년 때 수행할 공학연구를 준비할 수 있다.

⑧ 사회과학 교과군

사회과학 교과군에서는 인류와 환경, 과거, 현재, 미래의 상호작용에 대하여 이해하도록 하고, 인류에 영향을 미친 다양한 신념과 가치에 대하여 평가할 수 있도록 한다. 선택과목으로는 AP 현대유럽사,

철학, 비교종교학, 심리학, AP 심리학, 인류학, 경제학 등이 있다.

⑨ 공학연구 실험교과군

독특한 특성으로는 사업체나 산업체로부터 지원받는 연구비를 통하여 운영되는 공학적 연구실험을 들 수 있다. 공학적 연구실험은 교과목의 내용이해를 증진시키고 공학적인 환경에 대한 독특한 경험과 개인연구 및 실험의 기회를 제공하며 과학, 엔지니어링, 공학, 산업체 등의 전문가와 상호작용할 기회를 제공한다.

실험에는 천문학, 화학 분석, 컴퓨터 디자인, 컴퓨터 시스템, 에너지 시스템, 지구과학, 자동화와 로보틱스(로봇공학), 생활과학과 생명공학, 물질과학, 비디오 공학 등이 있다.

(5) 최소 필수 졸업학점(Graduation Units)

과목	학점	과목	학점	과목	학점
수학	5	체육	2	외국어	3
과학	5	공학	2	예술	1
사회과학	4	컴퓨터과학	1	과학계열 선택과목	1

최소 필수 졸업학점은 24학점으로 수학, 과학, 공학이 중심을 이루고 있다.

43. 중국의 영재교육

교육과정

실험학교 특별반의 학생들은 초등학교 6년 과정을 4년 만에 마치는 속진뿐 아니라 창의적 문제해결력 신장을 위한 심화 프로그램도 실시한다. 정규 교육과정을 압축해서 실시하고, 남은 시간 동안에 심화학습을 실시한다. 정규 교육과정을 압축하기 위해서 수학의 경우, 교과서에 제시된 문제 중 홀수 번호만 해결하도록 하는 방법을 사용한다.

중국에서 실험하는 영재교육에 참여하는 학생 수는 만 명당 1명에 해당하는 영재들로서 매우 학습속도가 빠른 학생들이므로 속진은 당연히 필요한 것이며, 나아가 속진 단계에서 심화 프로그램을 실시하는 방법을 사용하는 것이 바람직한 것으로 보인다. 속진을 하고도 시간이 남아서 창의적인 문제해결력과 각 학생들의 개성이 있는 재능을 길러주기 위해서 다각적인 교수·학습 방법을 시도한다.

정규 교육과정의 학습 외에도 각 개인별로 한 가지 재능을 기르는 데 중점을 둔다. 예를 들면, 누구나 무용, 합창, 시조 읊기, 악기연주 등을 전문적으로 배운다.

상급학교 진학

실험학교의 영재특별반을 마친 학생들은 영재들만을 위한 중학교의 특별반에서 공부한다. 6년 과정인 중학교를 4년 만에 졸업한 학생들은 13세에도 대학 입학시험에 응시할 자격을 갖게 되어 20세 초반에 박사학위를 취득하는 학생들도 배출되었다.

영재반 지도교사

영재학급을 지도하는 교사는 영역별로 배정된다. 또 영재반 전담교사와 일반학급을 겸임하는 교사로 나뉜다. 중국어, 영어, 수학 영역의 교사는 영재학급만을 지도한다. 그러나 기타 과목은 일반학급 지도교사가 영재학급도 지도한다.

교육과정(敎育課程)

교육과정을 영재교육에 맞도록 조정하는 것은 영재교육을 성공적으로 이루어내기 위한 하나의 전제조건이다. 천진실험소학의 교육과정은 국가 교육과정을 기본으로 하되 영재양성에 적합하도록 교육과정이 재구성되어 편성되어 있다. 이 학교 영재실험반의 교육과정을 보면 수학, 어문, 외국어의 세 과목을 특별히 중시하는 방향으로 짜여 있다. 당연히 그 방면의 교육이 심도 있게 실시되고 있다. 교육과정의 편성내용을 구체적으로 살펴보면 다음과 같다.

- 어문(語文): 읽기, 스스로 읽기, 언어표현, 과외 읽기 지도, 작문 강평, 논술지도, 말하기, 듣기
- 수학(修學): 인성교육, 수련활동, 학습방법훈련
- 외국어(外國語): 줄거리 읽기, 정독하기, 실연, 듣기

외국어 훈련을 위한 수업방법

◉ 3근(三懃)은 자주 듣고, 읽고, 쓰기를 말한다.

◉ 3전(三前)은 수업 전에 예습을 하고, 숙제를 하기 전에 복습을 하고, 묻기 전에 자습을 하는 방법을 말한다.

◉ 3후(三後)는 수업 후에 복습을 하고, 시험을 본 후 총결을 하며, 숙제 후에 검사를 하는 것을 말한다.

◉ 3결(三結)은 1시간의 수업이 끝나면 반드시 소결(小結)을 하고, 1단원 이 끝나면 소결을 하며, 책 1권이 끝나면 반드시 대결(大結)을 한다.

일반학생들과는 달리 일부 교과목은 학년을 앞당겨서 개설하고 있다. 외국어의 경우 1학년부터 개설하고 있으며, 자연 상식과목은 1학년부터 4학년까지 개설하고 있다. 그러나 역사와 지리과목은 3, 4학년 시기부터 시작하도록 하고 있다.

이 밖에 사회 실천활동을 교육과정에서 반드시 이수해야만 하는 필수과정을 둠으로써 학생들이 공장, 농촌, 어촌, 산촌, 군대 등에 가서 공익활동에 참여하도록 하고 있다. 그리고 이러한 체험교육을 통하여 학생들이 사회에 대한 올바른 인식과 주변사회 및 사람들에 대해서 봉사하는 마음을 갖도록 하고 있다.

또한 예술과 체육활동을 활발히 전개하고 있는데, 1학년부터 4학년까지 모든 학생들을 대상으로 음악, 기악, 미술과 1, 2학년 중심의 무용을 할 수 있도록 관련 과목을 개설하고 있다.

영재반 교재(敎材)

천진실험소학 영재실험반에서 사용하는 교재는 20년 가까운 기간의 실험과정을 거쳐 만들어졌으며 일반학생이 사용하는 교재보다 수준이 높은 것으로서 담당교사들이 직접 만든 것이다. 영재학생을 위한 교재는 일반교육을 받는 학생들의 교재와 내용상으로 볼 때 차이가 나는 것도 있지만, 또 어떤 내용은 비슷한 것도 있다. 이렇게 부분적으로 비슷한 내용이 포함되는 이유는 학생들이 졸업, 진학, 각종 경시대회 관련 시험에 참가할 경우에 대비하기 위해서이다.

(1) 수학교재(數學敎材)

수학교재는 현재 사용되는 5년제와 6년제 소학교 교육과정 및 교재를 기초로 해서, 전반적으로 다시 구성하여 사용하고 있다. 수학은 전체내용 체계를 고려하여 내용을 정선하고, 통합하고, 심화시켜 교재를 재구성하였다.

중복된 내용을 제거하고, 기본개념과 수관계를 중시하였으며, 지능을 계발하고, 능력을 배양하는 내용을 보충하였다. 또 일정한 수준 이상의 난이도가 있는 내용을 포함시켰다.

(2) 어문교재(語文敎材)

어문교재는 실험반을 운영하던 초기에는 난이도가 비교적 높은 경산교재(景山敎材)와 몇 개의 성(省)이 협력하여 편찬한 보충자료 몇 가지를 보조교재로 사용하였다.

앞에 언급한 교재를 중심으로 내용을 더하거나 보충하는 방법을 통하여 어문교재를 몇 개의 과정으로 분과하여 편찬하였는데, 그것은 정독(精讀), 약독(略讀), 속독과 독립연습의 4개 과정이다. 이와 함께

명가편(名家編)을 두어 학생들이 아름다운 언어와 내용을 통하여 감동을 받고, 문학적 소양을 키울 수 있도록 하였다.

(3) 영어교재(英語敎材)

저학년에서는 학교에서 자체 편찬한 'to be, to have, there be'의 세 가지를 중심으로 해서 영재학생의 영어교육에 적합한 교재를 편찬하여 사용하고 있으며 특징은 언어를 응용하는 능력을 배양하는 데 중점을 두고 있다는 점이다.

중학년과 고학년에서는 전국에서 통일적으로 편찬한 소학 영어 교재를 주요한 내용으로 하되, 언어지식의 내재관계를 중심으로 단원을 재구조화해서 전반적으로 새롭게 교재를 편찬하여 사용하고 있으며, 동시에 중학교 영어 1, 2학년 책에 나오는 내용을 포함시켰다. 재구조화, 재조직된 영어교재를 통하여 학생들의 영어지식을 심화시키고, 영어방면의 응용능력을 높이도록 하고 있다.

(4) 교재의 전반적인 특징

학생들은 대부분 양호한 조기교육을 받은 경험이 있다. 이것은 학업을 이수할 일정수준 이상의 능력을 이미 갖추고 학교에 입학한 것이라고 볼 수 있는데, 실제 학업능력 면에서 학생들은 높은 성취수준을 보이고 있다. 입학 당시 학생들은 이미 읽기, 쓰기, 셈하기를 할 줄 안다. 또 그들의 이해력과 기억력은 비교적 높은 편이다. 이러한 면을 고려하여 만들어진 교재는 다음과 같은 특징을 가지고 있다.

① 교재내용의 배열(配列)

지식의 관계와 전이를 고려하여 교재의 내용을 안배하고 있다. 일반적으로 교재는 중요한 개념과 원리 등에 대해서 학습효과를 높이기 위하여 여러 차례 반복 학습 과정을 두고 있다. 그러나 영재학생에 대해서는 이런 과정이 불필요하다고 보아 반복 학습 과정을 생략하였다.

② 지식의 구조를 강조(強調)

이것은 바로 브루너가 말한 '지식의 구조'와 맥을 같이한다. 지식이 어떻게 구조화되어 있는지를 학생들이 알도록 함으로써 지식의 연계성과 확장성이 가능하도록 하는 교재를 구성하고자 하였다.

③ 고난도 문제제시(提示)

영재실험반의 학생들은 지식욕이 강하고, 학습에 대한 의욕이 있으며, 사고력이 높다. 이러한 학생들의 특성을 고려하여 기초지식을 중시하면서도 고난도의 내용을 제시하여 영재들의 발전에 부응할 수 있도록 하고 있다.

자기주도적(自己主導的) 능력 배양

수업의 역할은 학생으로 하여금 지식을 배우게 하는 데 있는 것만이 아니라, 스스로 지식을 습득할 수 있는 능력을 길러주는 데 있다. 그런데 영재학생에게는 후자가 더욱 중요하다. 왜냐하면 그들이 교사로부터 획득할 수 있는 지식의 양이란 제한적이기 때문이다. 과학기술의 빠른 발전은 영재 스스로 지식을 찾고, 구하고, 연구하는 능력을 요구하고 있다. 따라서 배우는 것과 스스로 지식을 획득하는 능력을 잘 결합시킴으로써 학생들의 학습능력을 높이는 것은 대단히 중요한 일이다.

천진실험소학 영재실험반에서는 바로 이러한 관점에서 수업을 조직하고, 운영하여 비교적 큰 성과를 거둔 것으로 보인다. 4년 동안 6년 과정의 수준 또는 그보다 더 높은 수준에 이르게 했을 뿐만 아니라, 학생들이 스스로 학습하는 방법을 터득하도록 하였으며, 수업방법의 개혁내용을 구체적으로 살펴보면 다음과 같다.

(1) 교육내용의 취사(取捨) 운영

신입생을 모집한 후 각 학생의 지식수준에 대해 개별분석을 실시하고 있다. 그리고 이러한 개별학생들의 수준에 맞추어 맞춤식 교육을 실시하고 있다. 어떤 내용을 학습할 때, 학생들이 이미 그 내용을 알고 있고, 그 방면의 기초지식을 가지고 있다고 판단되었을 경우 이와 관련된 내용은 과감히 줄여, 좀 더 심도 깊은 내용을 학습할 수 있도록 조치하고 있다.

(2) 전체구조를 통한 학습방법의 활용

전체를 파악한다는 것은 체계적으로 지식을 이해하기 위한 출발점이 될 수 있다. 전체와 부분의 상호의존과 상호결합, 상호제약의 관계 속에서 지식의 체계적인 내용과 법칙이 나타나게 된다. 이러한 입장에서 이 학교에서는 학습방법을 지식의 전체적인 구조를 파악하는데 초점을 두고 있다. 학생으로 하여금 전체구조의 연계 속에서 각각의 구성부분과의 상호관계를 파악하도록 하고 있다.

(3) 자기주도적(自己主導的) 학습능력의 배양

자기주도적 학습능력을 강화하기 위하여 학생들에게 학습방법을 익히도록 지속적으로 노력하고 있다. 이를 통하여 학생들이 어떻게 학습해야 할지를 스스로 깨닫고, 점점 교사의 테두리에서 벗어나 독립해서 지식과 능력을 획득하도록 하고 있다. 이 학교가 실시하고 있는 과목별 자기주도적 학습능력 향상을 위한 방법을 간단히 소개하면 다음과 같다.

어문과목의 자기주도 능력 향상을 위해서 육독법(六讀法)을 교육시키고 있다. 학생들은 이를 통하여 스스로 자신의 학습과정을 인식하고, 다음 단계에서는 어떻게 학습할지를 깨닫도록 하고 있다. 수학과목에서는 학생들이 수학교과서를 열독하는 방법을 취하고 있다. 처음에는 교사가 공부할 요점을 만들고, 학생들은 책을 보며 스스로 공부하도록 지도한다. 이후 점점 학생들이 독립적으로 스스로 책을 보고 공부하며, 의문사항에 대한 질의를 만든다. 이밖에 학생들이 사전류를 사용하는 방법을 배움으로써 그들 스스로 참고자료를 찾고, 관련서적으로부터 지식을 얻는 능력을 배양하고 있다.

(4) 사고력 훈련의 강화(强化)

영재실험반 학생들은 이미 지적능력이 뛰어나고, 사고능력도 일반 학생보다 우수한 아이들이 입학하고 있다. 그렇다고 하더라도 창의적 사고력의 수준은 아직 계발되지 않아 미지수이기 때문에 학교에서는 이런 영재학생들에게 사고와 창의성 교육을 더 강화하여 창의적 사고력을 최대한 키워주고자 하고 있다. 이를 위한 구체적인 방법은 다음과 같다.

① 지식의 확장

도형을 관찰할 때 정면에서 볼 때와 반대편에서 볼 때 서로 보이는 각도가 다를 것이다. 이렇게 다양한 각도에서 지식을 이해하고, 사물을 관찰하는 습관을 갖도록 함으로써 영재학생 자신이 가진 지식의 세계를 다양하게 확장시켜나가도록 하고 있다.

② 사고의 틀을 벗어나도록 교육

이 학교 영재실험반에서는 학생들이 기존의 계산방법이 아닌 새로운 계산방법을 활용해 문제를 풀도록 지도하며 주문하고 있다. 예상되는 계산법은 다양하다.

③ 창의적인 상상의 기회 제공(提供)

학생으로 하여금 더욱 많이 활동에 참여하도록 하고, 손과 두뇌의 동시 협응작용을 활용해서 상상력을 발휘하도록 한다. 영재실험반의 학생들은 비록 이해력이 뛰어나고, 기억력이 일반학생보다 뛰어나지만, 그들의 인식과정은 연령의 제약을 받을 수밖에 없다.

따라서 그들이 두뇌와 함께 손을 사용하여 지식을 습득하는 과정을 갖도록 함으로써 지식획득의 효과를 배가시키고, 사고수준을 한 차원 높은 곳으로 끌어올리고자 하고 있다. 이를 위해 자연 관련 과목의 경우에는 소규모 실험, 제작, 발명, 창의성 훈련 등을 통하여 사고력 신장에 도움을 받도록 하고 있다.

(5) 민주화 학습분위기의 조성(造成)

영재실험반을 담당하는 교사는 모두 수업의 민주화에 특별히 관심과 주의를 기울이고 있다. 학생들의 자유로운 창의력 발휘를 위해서는 자유롭고 다양한 학습분위기가 절대적으로 필요하다고 보았기 때문이다. 구체적인 방법은 학생들이 대담하게 자신의 독립적인 견해를 발표하는 것을 격려하고, 다른 사람의 의견을 경청하도록 하고 있다. 또한 여러 의견을 비교하고 평가하는 과정을 통하여 결론을 얻는 방법을 배우도록 하고 있다. 더욱이 학생이 교사의 의견에 대해 부정적인 의견을 내놓거나, 교재에 제시된 내용에 대해서 회의를 가지고 결론을 내는 경우를 더욱 중요하게 취급함으로써 학생들이 자유롭고, 개방적인 풍토 속에서 자신의 창의력을 마음껏 발휘하도록 하고 있다.

영재실험반의 도덕교육 중시

천진실험소학의 영재실험반은 영재학생들의 요구에 부응하기 위하여 1984년에 시작되어 이미 20년 가까운 시간이 흘러갔다. 이 기간 동안에 학교 영재실험반을 졸업한 학생들은 우수한 인재로 대학에 진학하거나, 외국으로 유학을 떠난 경우도 있고, 이미 학업을 마치고 국가의 과학기술 발전을 위해 기여하고 있기도 하다. 그러나 몇 가지 문제에 대해서는 여전히 연구가 필요한 분야라고 할 수 있다.

(1) 도덕교육 중시(重視)

도덕교육은 인재가 어떤 인간형으로 성장해야 할지를 결정해주는 요소이다. 더욱이 영재교육에 있어서 도덕교육의 문제는 매우 중요하다. 머릿속에 지식만을 가진 인간으로 양성하게 되면, 그들이 사회에 나간 뒤 남을 위해 봉사하기보다 자신의 이익만을 위하여 생활을 영위할 것이기 때문이다. 따라서 이 학교의 실험반에서는 인성교육을 포함한 도덕교육을 특별히 중시하였다. 이 학교가 실험반의 도덕교육 강화를 위하여 취한 방법은 다음과 같다.

① 도덕교육 내용의 순서 정하기

② 도덕교육을 관리하는 체계수립

③ 실험반, 가정, 사회의 3자 도덕교육망 형성

사상품덕과목(도덕교육), 각 교과수업, 과외활동과 사회실천 활동 등 네 가지 방면의 교육을 통하여 학생들이 국가나 사회에 봉사하는 정신, 더불어 살아가는 정신 등을 육성할 수 있도록 하였다. 또 다양한 단체활동을 통하여 개인과 단체가 하나가 되는 정신을 배우도록 하였다. 이를 통하여 과거와는 다르게 실험반 학생들의 의식방면에 커다란 변화가 있는 것으로 연구결과 보고되고 있다.

(2) 심리품성 계발(啓發)

심리학자들이 1,000명의 영재를 30년간 추적 조사한 결과 심리학자들은 성취 정도가 가장 큰 20%와 성취 정도가 가장 작은 20%를 비교한 결과 성취수준에 큰 차이가 나타나게 된 원인은 지능 때문이 아니라, 개인의 심리품성과 관련이 있다는 것을 밝혀내었다. 이 학교 실험반에서도 이와 관련된 사례가 발견되고 있다.

① 실험반의 A 학생의 경우: 입학 시 지능지수가 137로 아주 총명한 아이였다. 그러나 흥미가 분산되고, 산만하며, 학습에 대해

책임감이 없었다. 영재교육을 받았지만 성적은 계속 내려만 갔고, 같은 반 친구들과의 학력차는 점점 벌어져만 갔다.

② 실험반의 B 학생의 경우: 입학 당시 지능수준은 보통이었다. 하지만 진취욕이 강하고, 열심히 연구하는 자세를 가지고 있었다. 이에 따라 반에서도 성적이 항상 상위권에 있었고, 중학교에 들어가서도 성적이 항상 앞자리를 차지하였다.

이러한 사례는 이 학교의 실험반 운영과정에서 학생들의 심리적인 요소를 중시하도록 만들었다. 즉 영재들도 두뇌만이 아니라 자신의 학습습관, 가치관 등이 앞으로의 행동발달에 커다란 변수가 된다는 것을 학교에서 확인하게 된 것이다.

(3) 전인발달과 개성신장(個性伸張)

영재학생을 지, 덕, 체, 미, 노(勞)가 고루 발달되고, 개성과 특기가 발달된 사람으로 양성하는 것이 천진실험소학교 영재실험반이 내건 교육목표이다. 이런 목표를 가졌다고 해서 이 학교가 영재학생들을 지, 덕, 체, 미, 노가 평균적으로 발달된 인간으로 육성하겠다는 방침은 아니다. 이 학교의 교육방침은 영재학생 자신이 갖춘 능력을 스스로 발휘할 수 있는 기회를 만들어 주어 학생들이 백화제방(百花齊放: 누구든 자기의 의견을 피력할 수 있다는 뜻으로 쓰인 중국의 정치구호)할 수 있도록 하는 데 있다.

(4) 맞춤식 교육

20년에 가까운 실험기간 동안 영재실험반에서는 지, 덕, 체, 미, 노의 교육과 함께 학생의 개성을 발전시키는 교육을 위하여, 교육과정이나 시간계획 등에 이를 충분히 반영하고자 하였다. 수업방법에 있어서도 다인수학급, 집단학습이기는 하지만, 그 속에서 학생 개개인에 맞는 맞춤식 교육을 실시할 수 있는 방법을 찾아내고자 노력하여 왔다. 동시에 학생 개개인의 흥미를 고려하여 각종 활동클럽을 조직하고, 활발한 과외활동을 전개하였다. 이러한 다양한 과외활동은 학생들의 개성 신장 및 특정분야 지식습득에 지대한 영향을 끼친 것으로 나타나고 있다.

44. 일본의 영재교육

영재교육의 제도

일본의 기간학제는 6-3-3-4제의 단선형이고, 중학교까지 의무교육으로 한국과 비슷한 점이 많다. 일본교육에서도 능력별 교육이면 차별이고 반동적인 교육이라는 미신이 뿌리 깊게 지배하고 있어서 올바른 의미에 있어서 영재교육, 능력별 교육은 존재하지 않는다고 볼 수 있다. 그러나 다른 관점에서 보면, 기형적인 형태의 영재교육 또는 능력별 교육은 중·고교에서 많이 존재하고 있다고 할 수 있다.

영재교육의 운영

일본에서 1968년부터 영재교육을 실험적으로 시도해온 쇼도큐 학원의 연구보고를 간략하게 소개함으로써 일본 영재교육의 한 면을 알아볼 수 있다. 도쿄도 무사시노시에 있는 사립학원인 쇼도큐 학원은 소학교에 영재교육을 도입하기로 결정하였으며, 1968년 가을 영재교육연구소의 후미 교수와 이사장 사이에 합의가 있었다.

교육과정 작성을 위한 교육과정 위원회가 설치되었고, 제1기생을 모집하여 1969년 4월 영재소학교로 출발하였다. 제1회는 신입생 20

명, 전입생 9명, 모두 29명으로 입학식을 거행하였다. 그 후 20~30명씩 소수만 입학시켜 집중적인 교육을 시켰다. 인간이 갖는 능력을 키우는 입장과 사회의 요청이라는 관점에서 학교의 교육내용과 그 지도방법을 결정하였다.

이 학교는 생활연령으로 학급을 편성하지 않고 지능연령에 의해서 무학년 방식의 학급을 편성하였다. 학급담임제 대신에 교과담임제에 의해서 지도하였으며, 지식을 새로운 입장에서 분석해 기초지식을 배우게 하는 방법을 충실히 하였다. 숙제는 주지 않았으며, 본교 교육방침이나 내용에 대해서는 가정의 이해를 얻기 위해서 매주 수요일에 설명회를 하기로 하고 이를 실시하였다. 학기말시험에서 우수한 성적을 얻은 학생은 표창을 했다.

.12세까지는 주로 지능을 키울 것과 기본적인 지식을 여러 가지 각도에서 검토하기로 하고, 수업과정에서는 집중적 사고와 확산적 사고의 설정이나 학생의 사고과정을 깊게 하는 방법, 수업과 실천방법에 대한 수업분석을 깊이 했으며, 지능에 따른 생활지도 방법, 수업상 문제점 등을 검토했다. 시청각기구의 활용을 연구해서 지도과정을 충실하게 하였고, 개별학습을 강화하였으며, 교사 국외연수와 시찰을 시켰다.

이 학교의 특징은 영재를 기르는 교육과 영재에게 맞는 교육을 하고 있으며, 그들의 신조는 다음 선서로 요약되고 있다. 첫째, "우리는 미래를 여는 전사가 되어 새로운 세계를 개척합니다", 둘째, "우리는 수치와 눈물을 알아서 공명정대하게 행동합니다", 셋째, "우리는 조국의 전통을 중시하고 조국과 인류를 위해서 힘을 다하겠습니다."

영재교육의 현황

영재 육성 및 지원을 위한 제도적, 법률적 장치가 마련되어 있지는 않다. 물론 영재의 현황파악에 관한 자료도 없는 형편이다. 영재에 대한 이해는 예술적 재능이 뛰어난 영재를 전문지도자에게 위탁하여 지도를 받게 한다거나, 명문 유치원과 초등학교 진학을 위한 교육을 영재교육이란 표현으로 설명하고 있는 현황이다.

과학 영재교육

약 200년 전에 일본은 근대 자본주의 국가로 성장하기 위해 일본 정부나 정책에서도 '신분질서의 전면적인 철폐'를 시작하였다. 또한 문명개화의 방책을 채택하면서 주권재민과 평등의식을 고취하였다.

근대적인 과학기술 없이 자본주의 생산양식을 성립시킬 수 없기 때문에 국민에게 널리 근대과학을 이해시키고 보급시키지 않으면 안 되었다. 군사력 유지를 위해서도 근대과학은 절실히 필요하였기 때문에 대학이나 연구소 등을 개설하여 고도의 과학기술을 연구할 전문가 양성을 하는 한편 보통교육으로서도 한 사람 몫을 제대로 할 수 있는 과학교육을 시행하였다.

그런데 전문가 양성은 구제 중학교, 고등학교를 거쳐 대학에서 영재교육을 한다는 등 유별남 없이 이루어졌던 것이다. 지금은 폐지되었지만, 공립학교에서 실시하였던 다음의 두 가지 사례를 살펴보고, 극히 드물게 사립학교에서 실시하는 몇 가지 예를 기술해본다.

(1) 지도자 양성

1917년에 경도사범 부속소학교에 제2교실을 설치하여 선발된 학생을 대상으로 지도자적 인간양성을 목표로 특별교육을 시작하였다. 이 교실은 지능, 학업성적에 의거하여 매년 100명을 선발하고 4학급을 편성하였다. 주당 수업시간은 28시간인데 오후에는 체육을 실시하였다. 지도방식은 자주학습을 존중하고 소질이 있는 학과는 개별지도를 통하여 중점적인 학습을 하게 하였다. 그러나 이 교실은 1945년에 폐지하였다.

(2) 수학 특별학급

동경과 히로시마의 고등사범 부속중학교에 1944년 과학 수재아를 위한 이과수학 특별학급을 설치하였다. 동경의 경우는 물리학자 후지오카 요시오가 중심이 되어 이과수학에서 성적이 우수한 자로서(가능하면 학자의 자제) 희망에 따라 60명을 선발하여 주당 수업 28시간 중 수학 8시간, 물상 8시간, 영어 5시간을 중점적으로 지도하였다. 이 교육 프로그램은 구제 고교 2학년까지의 과정을 4년간에 이행하도록 편성했으나 이 역시 1945년에 폐지하였다.

오늘의 과학 영재교육

(1) 키다가세키 소학교

토야마현 나메리카와시에 있는 이 소학교는 1960년부터 수학교과를 무학년제 방식으로 지도하기 위한 프로그램 작성에 착수하였다. 1965년부터 완성된 수학과 프로그램에 따라 4~6학년생을 매주 수·금요일 5교시에 지도하고 있다. 이 수학과의 학습을 위해서는 학년을 해체하여 A~F 과정으로 재편성하고 학생의 희망에 따라 적절한 과정을 선택하게 하고 있다.

(2) 히가시긴이치 중학교

동경 근교의 히가시긴이치 중학교에서는 1955년부터 영재아교실을 개설하였다. 이 교실에는 지능이 125 이상인 학생을 매년 20명 정도를 선발해서 지도하고 있다. 학생들은 각자의 학습계획에 따라 자기 주도적 학습을 하게 되는데 이 학습을 위해서 주당 5시간 중 1/2~1/3의 시간을 내고 있다.

(3) 아이이쿠 유치원

1954년부터 동경 마후시 아이이쿠 연구소에 유치원을 부설하여 3세 어린이를 위한 특별교실을 운영하고 있다. 입실하는 어린이의 지능은 120 이상인 학생으로 5 교실에 100명을 수용하고 있으며, 매주 토요일은 어머니와 같이 등교하고 있다.

(4) 이이다바시 교육센터

동경 이이다바시 교육센터에서는 1965년부터 영재아교육을 시작하였다. 그 대상은 지능이 120 이상인 학생으로 통학거리 30분 이내인 학생을 130명 선발해서 매주 수·토요일 오후에 지도를 하였으며, 교육기간은 1년인데 최근에는 통신교육을 통하여 희망자는 누구나 프로그램에 따라서 교육을 받고 있다.

영재교육 정책

일본정부의 과학 영재교육에 대한 정책이 어떠한가를 살펴보면, 1963년에 경제심의회에서 일본정부에 '인적 능력정책에 관한 답신'을 내어 능력개발연구소(재단법인)를 설치하고, 산업계획회의에서 "재능계발에의 길, 과학기술의 창조적인 영재를 기르자"는 도서를 평범사에서 간행하여 영재교육의 필요성을 사회에 역설하였다. 1966년에는 문부성의 "후기 중등교육의 확충 정비에 대해서" 중앙교육심의회의 답신서에는 "고교교육의 다양화를 강조"하는 가운데, 수재아에 대한 특별교육의 필요성을 지적하고 있을 뿐이다. 그리고 최근의 일본서적 총목록을 보면 2001년, 2002년에는 영재 관련 도서출판이 전혀 없고, 2000년에 '한 명의 엄마가 100명의 교사보다 뛰어나다, 아라시, R 지음' 단 한 권에 지나지 않는다(日本書籍出版協會, 2003).

이러한 사실들은 교육의 보편성, 공정성, 기회균등, 기회의 평등을 보장하는 평등주의와 학습권의 차별철폐를 강하게 주장하는 교육현장과 그에 동조하는 여론(家永三郎, 1976: 勝田守一외, 1975: 山住正己, 1987)으로 해서 앞에서 본 바와 같이 제1차 세계대전 이후로는 일본정부 주도하에 특별한 영재교육이 실시된 바도 없거니와 당분간은 시행될 가능성도 희박하다는 것이 공론인 듯하다. 그럼에도 불구하고 일본학자들이 노벨상 등을 많이 수상하고 있다는 사실은 일본교육의 내용을 연구해볼 만한 것이다.

독서를 통한 영재교육

일본의 지하철을 타면 책을 읽지 않는 것이 좀 이상한 느낌이 들 정도로 독서가 생활화되어 있다. 유카와는 42세 때인 1949년에 일본인으로는 처음 노벨 물리학상을 수상하게 되어 제2차 세계대전으로 패망하여 좌절과 실의에 빠져 있던 일본인들에게 재기할 수 있는 용기와 자신감을 넣어주는 계기를 만들게 되어 일약 영웅으로 떠오르게 되었다.

유카와는 유년기에 경도대 교수인 부친의 장서와 아동도서 등을 탐독하였으며, 중간자 이론을 세우는데 2세 때부터 동거한 외조부로부터 익혀 중학교 시절까지 애독한 한서(漢書) 중 한시문(漢詩文)에서 힌트를 얻었던 것을 그의 자서전에서 술회하고 있다. 즉, 중국고전으로 주(周)나라 때부터 송(宋)나라 때에 이르는 고시(古詩)와 고문(古文)의 주옥편을 모은 책인 고문진보(古文眞寶)에 있는 이태백(李白)의 시 춘야연도리원서(春夜宴桃李園序)라는 시의 한 구절인 "부천지자 만물지역려 광음자 백대지과객(夫天地者 萬物之逆旅 光陰者 百代之過客)"에서 "무릇 천지는 만물의 여관이요, 해와 달의 움직임은 천지의 사이를 지나가는 나그네일지라"는 데에서 "핵력(核力)의 이론적 연구에 기초한 중간자의 존재 예언" 연구로, 즉 중간자의 존재 힌트를 얻어서 노벨 물리학상을 탔다는 것이다. 여기에서 독서를 통한 과학교육의 중요성과 한자와 한시(漢詩)의 교육 중요성도 연구된다.

특정과목의 영재교육

유카와는 독서를 좋아하였으며 특히 한시(漢詩)를 좋아하여 거기에서 물리학의 원리를 깨달았다고 한다. 동경대학보다 경도대학이 노벨상과 필즈상(Fields상-수학에 공헌한 만 40세 미만의 학자에게 주는 상) 수상자가 더 많은 이유는 다수교과목 성적은 일반적으로 동경대 입학생이 우수하지만, 특정과목 즉, 수학과 과학 교과목 등 두 과목 입학성적은 경도대가 더 우수하다는 것이다. 그리고 자유분방한 분위기가 상상력을 더 키운다는 것이다.

현재 일본에서는 공적인 과학 영재아 교육제도와 법률은 갖추고 있지 않다. 그러나 무엇보다도 간과할 수 없는 사실은 1911년도에 의무교육 취학율 98%를 달성하고 근대과학에 기초한 지식과 합리적인 사고방식이 보통교육을 통해서 널리 국민에게 보급되어 자리를 잡았다는 점일 것이다. 그 위에 전공학문을 원활히 연구할 수 있는 어학, 수학, 과학 등 도구교육이 초·중등교육에서 내실 있게 시행되었다는 점일 것이다. 특히 미국과 유럽의 대학에는 미치지 않으나 경도대학처럼 자기주도적이고 자유분방한 토론중심의 교육과 학풍 등은 상상력과 창의성을 위한 영재교육 그리고 영재교육 지도자양성 요체 중 하나일 것이다.

45. 대만의 영재교육

영재교육의 특성

대만에서 이루어지는 영재교육의 기본규정은 1984년 12월 17일 개정·공포된 특수교육법에 의거하고 있다. 이 법의 조문 내용을 토대로 살펴보면, 먼저 영재성 등 개념에 대해서는 ① 시문(詩·文) 분야의 우수성, ② 과학 분야의 우수성, ③ 특수 재능의 우수성 등 세 측면을 포괄하는 것으로 규정하고 있다. 이들 영재성을 지닌 학생 중에서 학업과 품성에 있어 특출한 자에 대해서는 정부가 장학금을 제공할 수 있도록 하며, 가정이 빈곤한 자에게는 이외의 보조금을 지급할 수 있도록 하고 있다.

그리고 영재교육을 실시하고 있는 학교는 자체적으로 관련되는 하급 또는 상급학교와 연계하여 이들 학생의 잠재능력을 최대한 발휘할 수 있도록 제반 조치를 강구하여야 한다고 규정하고 있다. 덧붙여 공립 교육기관과 학술 연구기관은 영재교육의 활성화를 위해 전문인력과 시설을 제공하며, 필요할 때는 별도로 이들을 위한 특별 프로그램을 설치하여 운영하도록 하고 있다.

1984년에 제정된 특수교육법에 의하면 대만의 영재교육 프로그램은 세 유형으로 나누어진다. 그것은 시문(詩·文) 분야의 영재를 위한 프로그램, 수학·과학에 재능이 있는 과학 분야의 학생들을 위한 프로그램, 미술·음악·무용에 재능이 있는 학생들을 위한 특수 재능의 프로그램 등이다. 대만에서는 영재교육을 두 가지 방법으로 운영한다. 그중 한 방법은 상설영재반을 설치·운영하는 것이고, 또 다른 방법은 시간제 영재반을 설치·운영하는 것이다.

영재의 판별

특수교육법의 조문 내용을 토대로 시문(詩·文) 능력의 우수성, 과학 분야의 우수성, 특수재능의 우수성 등 세 측면의 영재를 다단계 절차를 거쳐서 판별한다.

(1) 시문(詩·文) 영재: IQ 검사에서 평균 지능지수보다 표준편차 2 이상 높으면서 동 학년 학생들에 비해 인문분야의 학업성적이 상위 2%에 속하거나 교육과정의 문학·역사에서 평균보다 표준편차 2 이상 높은 성적을 나타낸 자이다.

(2) 수학·과학 분야의 영재 프로그램에 참가할 학생: 지능지수가 평균보다 표준편차가 1.5 이상 높으면서 수학·과학 영역의 학업성적이 동 학년에 비해서 상위 1% 이내이거나 국내외 경시대회에서 입상한 경력이 있어야 한다.

(3) 미술·음악 분야의 재능반에 참가할 학생: 지능지수가 평균 이상이어야 하고, 그림을 잘 그리거나, 악기를 연주하는 수행검사에서 높은 점수를 받고, 이 분야의 적성검사에서 점수가 높아야 한다. 무용의 경우에는 무용을 잘하기만 하면 된다. 국내외 대회에서 높은 성적을 나타낸 학생들은 모두 특수재능반에 참가

할 자격을 갖는다. 일단 학생이 학교에서의 판별과정을 통해 잠정적인 영재로 판별되면, 교사와 행정가로 구성된 학교판별위원회는 지역교육청에 보고서를 제출한다. 교육청의 판별과정을 거쳐서 영재로 확정된 학생들은 적절한 프로그램에 배치된다.

46. 싱가포르의 영재교육

영재교육의 특성

영재교육에서는 옛날 그리스의 스파르타식 일부를 본받아 왔다는 비판을 받고 있는 독특한 방식을 택하고 있다. 싱가포르의 교육부는 학생들은 다양한 능력을 갖추고 있으므로 어느 학생에게나 똑같은 교육을 똑같은 학습속도로 진행해서는 안 된다는 인식과 함께 국민들의 재능을 최대화하여 도시국가의 발전에 전력을 다할 수 있는 프로그램을 제공하여야 한다는 사회적 요인에 대한 인식에 기초하여 1984년부터 GEP(Gifted Education Program)를 실시하였다.

초기에는 주로 미국의 모델과 자료를 사용했지만, 점차 싱가포르의 가치와 사회적인 관습을 반영하는 GEP 프로그램을 개발하여 사용하고 있다. 결국 싱가포르의 영재교육의 특성은 GEP에 있다고 하겠다. GEP는 1984년에 하나의 프로젝트 형태로 2개의 초등학교 4학년의 4개 학급(69명의 남학생과 31명의 여학생)과 2개의 중등학교 1학년의 5개 학급(67명의 남학생과 33명의 여학생)에서 시작되었다.

1987년에는 중학교 4학년 학생들의 첫 번째 졸업을 맞으면서 초급대학(Junior College) 단계까지 GEP를 확장할 필요를 느끼게 되었다.

이에 인문학에 재능이 있는 학생들을 위한 프로그램으로 Humanities Award Program을, 과학에 재능이 있는 학생들을 위한 특수 프로그램으로 1988년에 Science Enrichment Program(SEP)을 개발하였다.

이 프로그램은 현재 Science Research Program(SRP)으로 이름이 바뀌었는데 초급대학의 GEP 학생들에게 National University of Singapore의 전문가들과 함께 연구할 수 있는 기회를 제공하고 있으며 초등학교 4학년에서부터 중등학교 4학년까지 각 단계에 각각 150~200명의 학생들이 있고, 9개의 초등학교와 3개의 중등학교에서 GEP를 실시하고 있다.

GEP가 초기의 프로젝트로부터 점차 프로그램으로 발전하면서 1993년 6월에는 영재교육 기관(Gifted Education Unit)으로 이름이 바뀌었으며, 현재는 지도자와 부지도자를 포함한 25명의 구성원이 있다. 교육부에 소속된 이 영재교육 기관은 GEP의 실행상황에 대한 감독, 지도와 연구를 한다. 그리고 GEP 학생선발, GEP 교사선발, 양성 및 감독 등도 책임진다. 동시에 영재 교육과정의 편찬, 개발과 개선을 담당하며, 이 프로그램의 실행을 지도하고 평가한다. 학생들의 성취도를 평가하는 시험지 개발, 선별, 관리 및 분석의 임무도 가지고 있다.

GEP의 목표와 강조점

GEP의 목적은 학생들에게 신속히 변화하는 사회변화에 대응하는데 필요한 지적도구와 태도 등을 제공하는 것이다. 이를 통해 그들의 능력을 계발하고 가치를 인식함으로써, 사회의 발전에 공헌하고 변화와 발전에 앞장서게 하고자 하였다. 이러한 취지를 가지고 있는 GEP의 구체적인 목표는 다음과 같다.

(1) 학습자의 지적능력에 상응하는 수준의 사고과정 계발

(2) 창의적인 생산성 육성

(3) 자기주도적 학습을 위한 기능, 과정, 태도 계발

(4) 학습자의 자아개념, 자아성취에 대한 열망 신장

(5) 사회의식 및 사회 기여에 대한 의식의 계발

(6) 리더십 육성 등이다.

GEP 학생, 교사선발 및 훈련

GEP 학생선발은 교육부의 영재교육 기관에서 매년 8월부터 12월 사이에 초등학교 3학년과 6학년을 대상으로 실시한다. 선발된 학생들이 프로그램에 참가하는 시기는 초등학교 4학년과 중등학교 1학년 때이다.

초등학교 4학년 GEP 학생선발은 8월에 있는 예비검사에서부터 시작된다. 예비검사의 목적은 추론능력, 독해력과 단어력을 측정하는 것이다. 이 시험에서 약 5%의 학생들을 선발한다. 다음으로 10월에 실시되는 최종 선발시험에서는 높은 수준의 양적 추론, 언어능력, 일반적인 논리능력을 평가한다.

중등학교 1학년 GEP 학생선발시험은 임의의 3개 과목이 A+를 취득한 학생(이런 학생은 초등학교 6학년 학생의 3~4% 정도이다)을 대상으로 하며 12월에 실시하는 선발시험은 위의 세 가지 시험으로 구성된다. 초등학교 4학년, 중등학교 1학년 GEP 학생 모두 선발시험에서의 성취도에 의존하여 선발되며, 마지막 최종선발은 선발된 학생들의 부모와 학생들 자신의 의견에 달려 있다.

GEP 교사선발에 있어서 대부분의 중등학교 교사들은 명예학위와 Diploma in Education(교육학 학위)을 가지고 있어야 한다. 영재교사로

서 갖추어야 하는 이러한 자격증은 학과내용에 대한 숙달, 수업에 대한 자신감, 융통성, 창의성, 지적 호기심, 열성과 능력을 나타내기 때문이다.

GEP 교사의 선발은 인터뷰를 통하여 영재교육에 관한 교사의 태도와 적절성 등을 평가한다. 이 프로그램에 참가하기를 원하고, 영재학생들을 가르치기에 필요한 자격을 가진 것으로 판단된 교사들은 시범수업을 한다. 이러한 인터뷰와 시범수업에 의해 최종적으로 교사를 선발한다.

선발된 교사에 대한 주요한 훈련은 현장실습이다. 이것은 영재교육 기관들과의 빈번한 상담을 통해 이루어지는데 상담내용은 주로 교육과정 설계나 수업전략과 관련된 것들이다. 영재교육 전문가가 주도하는 워크숍에도 참석한다. 이 과정을 통하여 교사들은 GEP 교육과정을 검토하며, 다음 학기의 교육과정을 계획한다. GEP 교사들은 정규학교 교사들의 2/3 정도의 업무량을 담당한다. 이는 GEP 교사들에게 강화된 프로그램을 수행하고, 교육과정을 토의할 수 있는 기회를 제공하기 위한 것이다.

GEP 교육과정

GEP 교육과정은 정규 교육과정을 기초로 하는 동시에 학생들의 지적인 능력과 높은 수준의 사고기능을 계발하기 위하여 확장된 활동, 그리고 인지적으로 보다 높은 활동을 요구하는 학습도 포함한다. 정규 교육과정을 기초로 하는 이유는 정규학교의 교육과정이 유지되어야 GEP 프로그램을 그만두려는 학생들이 보통학급으로 다시 들어갈 수 있기 때문이다.

47. 러시아의 영재교육

영재교육의 특성

1970년대 옛 소련 공산당이 공식적으로 영재교육을 인정하면서부터 러시아에서는 본격적으로 영재교육이 시작되었다. 러시아의 영재교육은 크게 네 가지의 형태로 운영된다.

첫째는 전국의 초·중·고등학교 학생들이 방과 후 각종 영재교육 서클에 가입해서 심도 높은 심화교육 활동(Intensive enrichment activities after school day)을 받는 형태이다. 이러한 학교 밖의 활동이 러시아 영재교육의 주축을 이룬다.

둘째, 일반학교에서 7~11학년을 대상으로 개별적인 교과목에 대한 심화학습을 운영하는 형태이다.

셋째, 주요 국립대학 부설로 운영되는 수학·과학고등학교 형태이다. 대표적인 고등학교는 모스크바 대학 부설 콜로모고르프 18번 과학고등학교, 노브시비르스크 과학고등학교 등이다.

넷째, 모든 학생들에게 기회가 주어지는 학생을 대상으로 유연성 있게 운영되는 통신학교의 형태다.

방과 후 서클활동

러시아의 경우는 학교 내에서뿐만 아니라 학교를 벗어나, 개별적인 교과에 관심이 있고 우수한 학생을 모아 다양한 학술활동을 하는 동아리들이 운영되고 있다. 이러한 동아리 활동들은 과학, 문학 등 다양한 분야에서 이루어지고 있으며, 주로 대학부설이나 중등학교부설로 운영되는 경우가 많다.

방과 후에 심화 교육활동을 하는 장소를 Palace라고 하며 그러한 심화 교육활동을 Circle이라고 하는데, Palace는 러시아 전 초·중·고등학생을 대상으로 하여 총 4,500여 개가 산재해 있다. 그리고 각 Palace마다 과학 및 기술 분야의 서클, 음악 및 무용, 스포츠 등 각 방면의 서클이 있다. 이 서클을 통하여 각 방면의 영재학생들은 정규학교에서 다루지 않는 수준 높은 내용의 심화교육을 받는다. 규모 및 내용 면에서 대표적인 Palace는 모스크바시 Young Pioneer Palace인데 현재 15,000명의 학생들이 참가하고 있는 이곳 서클 및 클럽의 종류는 900개이다. 모스크바 Palace 한 기관에 대한 정부보조금은 연간 250만 루블이다.

모스크바 Palace에서 인기 있는 서클은 과학기술 분야, 스포츠, 음악 및 무용 분야인데 과학기술 분야에 속한 서클은 다시 Science and Technology Circles와 Naturalits Circles로 양분된다. 서클에서 학생들은 종종 개인 연구논문을 발표하여 연구결과를 해당 국립과학원에 제출하기도 하는데, 학생지도는 The Institute of Space Studies, The Sternberg Astronomy Institute, The Nuclear Physics Institute, The USSR Astronomical and Geodesic Society 등 유명 연구기관의 연구원이 맡는다.

심화학습

일반학교에서 운영하는 심화학습은 학생들에게 개별적인 교과에 대하여 보다 심화된 교육기회를 제공하고 학습자의 재능을 계발하는 것을 목적으로 한다. 학습운영권은 각 학교의 재량에 달려 있다. 보통 8학년이나 10학년에서 시작하지만, 7학년 또는 9학년, 심지어는 11학년에서 이러한 학습운영을 시작하는 학교도 있다. 심화학습의 운영에 포함되는 과목은 수학, 물리, 자연과학 과목, 인문과목, 외국어 등이다. 이처럼 특정한 교과목을 심화 학습하는 학교들이 계속 증가하는 추세에 있다.

러시아의 교육부에서는 일반학교를 위해 두 가지 교육과정을 공표하는데, 하나는 일반 교육과정이고 나머지 하나는 심화 교육과정이다. 심화 교육과정에서는 일반 학교 교육의 기본목표인 '일상생활이나 앞으로 공부를 계속하는 데 필요한 지식의 체계나 능력들을 학습자들이 건실하게 획득하는 것'을 포함할 뿐만 아니라, 더 나아가 학습자들이 교과에 대해 깊은 관심을 가지게 하고, 학습자들의 재능을 발현시키고 계발하며, 대학에서의 연구를 준비시키는 데 그 기본목적이 있다.

심화 교육과정은 학생들에 대한 교과별 요구, 교육내용, 학습 내용의 주제별 시간계획의 세 부분으로 구성되어 있다. 학생들에 대한 교과별 요구에서는 학생들이 획득해야 하는 각 교과별 지식, 능력, 기능의 양과 수준이 제시되어 있다. 교육내용에서는 일반교과 내용이 모두 포함되어 있으며, 기본과정과 직접적으로 연관되는 추가적인 내용, 기본과정을 심화시킬 수 있는 내용들이 포함되어 있다. 뿐만 아니라, 학교 교육에서 다루지는 않지만 현대적인 학문의 발달과 관련되는 주제들을 독자적인 단원들로 제시하고 있다. 학습 내용의 주제별 시간계획에서는 교과서나 참고서를 활용하여 수업을 전개하는 데 필요한 시간계획의 예를 제시하고 있다.

국립대학 부설 수학·과학 고등학교

영재들을 위해 특수한 목적으로 설립된 영재학교에서는 분야별로 각기 다양한 특수교육 과정을 운영하고 있으며 영재들의 능력과 적성에 맞는 진로지도를 하고 있다. 이들 영재학교에서는 일반학교의 교육과정 이외에 수학·과학 분야에 관한 교과의 교육과정을 강화하여 집중적으로 학습하도록 운영하고 있다. 특히 과학영재를 위한 특수고등학교는 과학교육부 산하에 두고 국무총리령에 의하여 학교를 설립 운영하고 있다.

대표적으로 모스크바 대학 부설 콜로모고르프 수학·과학 고등학교를 살펴보면 교육과정의 운영은 모스크바 대학에서 만든 교육과정에 의해 운영이 되고 있으며, 교육기간은 2년 4학기를 원칙으로 한다. 교육과정 편제는 주당 43시간의 수업을 하고 있는데, 전공에 따라 추가 선택과목에 대한 시간이 4시간 더 추가된다. 이 고등학교는 대학과 거의 동일하게 운영이 되고, 수학 물리학부(수학 물리 전공, 컴퓨터 정보 전공, 생물 물리 전공), 화학학부, 경제 수학 학부로 구성되어 있다.

통신 영재교육학교

우수한 학생들이 모두 기숙학교나 영재교육 기관에 입학하는 것이 아니기 때문에, 이러한 우수한 학생들의 교과에 대한 흥미를 발현시키고 상응하는 재능을 계발하기 위해서는 새로운 형태의 유연성 있고 많은 학생들을 대상으로 하는 교육형태가 필요하다. 이에 러시아에서는 학생들이 어느 지역에 살고 어떤 상황에 처해 있는가에 관계없이 모든 학생들에게 심화학습을 받을 수 있는 기회를 제공하기 위하여 통신 영재교육학교를 설립하였다.

통신 영재학교는 재택교육과 출석교육으로 운영된다. 재택교육은 우편을 통하여 영재 통신학교의 교육과정에 따른 학습자료들과 확인평가 문항들을 각 학습자들에게 보내고, 학습자가 수행된 과제의 결과를 다시 통신 영재학교로 보내어 이에 대한 확인, 평가가 이루어지는 것이다. 보통 한 해에 일정한 양의 과제를 수행하게 되고, 이 과제들을 성공적으로 수행하면 다음 학년으로 진급하게 된다. 출석교육은 학생들이 학교에 나와서 일정 시간 동안 교사와 직접 만나 교육을 받는 것을 의미한다.

48. 이스라엘의 영재교육

영재교육의 특성

이스라엘은 천부적인 자본이 인적자원밖에 없다고 하는 인식하에 지적, 창의적 능력과 함께, 상상력이 뛰어난 영재들을 교육시키는 것을 국가의 주요정책 중 필수불가결하고 중요한 과제로 삼고 있다.

이스라엘의 교육제도는 수월성 교육과 평등교육을 동시에 추구하여 왔다. 이스라엘 교육의 목적은 모든 학생들의 수월성을 계발시키는 것으로 각 학생의 잠재력을 최대로 계발시키고 그 능력을 발휘할 수 있는 여건을 조성해주는 것이다.

이스라엘에서는 영재교육을 위해서 네 가지 다른 유형의 영재 심화프로그램이 실시되고 있다. 이들은 각각 다음과 같다(Israel Ministry of Education, 1993).

- 영재교육 센터의 주별 심화프로그램: 전체 영재의 27.3% 참여
- 방과 후 심화 프로그램: 전체 영재의 51.2% 참여
- 정규학교 내의 희망별 특별 교과목반: 전체 영재의 15.2% 참여
- 아랍계, 드루즈계들을 위한 프로그램: 전체 영재의 6% 참여

즉, 정규학교 내에서의 특별 교과목반에는 전체 영재의 15.2%만이

참여하여 전체 영재들 중에서 차지하는 비율이 그다지 높지 않음을 알 수 있다. 이스라엘 정부는 아직 영재교육의 여러 유형 중 어떤 방안이 더 좋다고 평가할 수 있는 단계가 아니라고 본다. 이스라엘 정부는 영재교육의 네 가지 유형이 영재의 특성에 따라 각기 다른 효과를 지니고 있다고 보고 있다.

영재교육 운영의 유형

(1) 영재교육 센터에서의 주별 심화학습 프로그램

분야별로 상위 1~1.5% 이내에 드는 영재들을 대상으로 영재교육을 실시하는 특별학교에 가서 1주일에 하루씩 수업을 하는 것이다. 영재교육 센터 역할을 하는 학교는 적어도 두 집단이 1주일에 4회, 하루에 2시간 이상 학습해야 한다. 정규수업이 없는 날에 수업을 실시하고 정규학교와 인접한 건물이나 기관에서 실시한다. 한 학급은 15명 단위로 구성하고 전체 학생 수는 적어도 1,000명, 학년당 100명은 확보되어야 한다. 시설설비 면에서는 실험실, 컴퓨터, 도서실, 교수자료실, 교실, 교사연구실 등을 갖추어야 한다.

영재교육 센터에서는 일반학교와는 다른 교과내용을 가르친다. 일반학교의 교사와는 다른 분야의 교사 또는 특수교사가 가르친다. 예를 들면, 화가 또는 해당 분야의 박사학위 소지자, 해당 분야의 전문가, 학자, 연구원들이 가르친다.

(2) 방과 후 심화학습 프로그램

연구소나 대학부설 영재교육 센터에서 1주일에 2회 실시하는 영재교육 프로그램에 참여하는 방식이다. 상위 3% 이내의 학생들이 주로 참가하나 절대기준을 적용하지는 않는다. Weizmann Institute of Sciences에서 실시하는 방과 후 영재교육 프로그램이 가장 대표적이다.

(3) 정규학교에서의 심화학습반 운영

일반학교 내에 둔 심화학습반을 설치 운영하는 학교는 1997년 현재 전국적으로 초등학교 490개교, 중학교 526개교, 고등학교 718개교였다. 심화학습반에서의 영재교육 프로그램은 정규학교 교육과정에 기반을 두되 심화과정으로 구성한다. 심화학습반에서 영재교육을 실시하면서 수행하는 연구과제는 ① 효율적 학습을 통한 학습시간의 단축, ② 다양한 교수방법의 탐구, ③ 대학과 연계한 심화과정 운영체계 탐구 등이다.

영재학생을 위한 심화학습반은 일반학교 내에 설치되며 그 지역 전체학생의 약 1%를 대상으로 하고 있다. 영재들을 일반학생들과 격리시키지 않도록 일반학교에서 수업을 실시함으로써 영재들은 일반학생들과 함께 사회생활을 공유하게 된다.

대부분의 경우, 심화학습반은 초등학교 3, 4학년에서 시작하여 고등학교 3학년까지 계속된다. 1987학년도부터 특별교육을 경험한 적이 없는 7학년, 9학년, 10학년 학생들에게 특별교육을 제공한 결과, 심화학습반에서의 교육이 영재학생들의 지적욕구를 충족시키고 잠재력을 계발시키는 데 보다 효과적이라며 학교이미지를 높이는 데 공헌한다고 보고되었다.

심화학습반의 교육과정은 일반교육 과정의 과목들을 기초로 심화학습과 심층연구를 더한 것이다. 즉, 심화학습반에서 배우는 학생들은 그의 또래집단에게 요구되는 교육과정을 숙지하고 있어야 한다. 영재를 위한 심화학습반의 특징은 영재들로만 구성되며, 학습 내용의 수준이 높고, 더 많은 시간 동안 공부한다는 점이다.

교육과정의 구성은 영재들로 하여금 한 특정영역에서 전문화되게 하기보다는 광범위하고 다양한 과목에 적극적으로 접할 수 있도록 하는 데 중점을 두고 있다. 지식획득과 이해뿐만 아니라 완전히 학습한 내용을 다른 영역에 응용하는 것도 강조하고 있다. 교사는 독립적 사고, 독창적·확산적 사고력을 격려한다. 학생들은 고등교육, 대학 그리고 특별센터 등 학교 밖에서 스스로 새로운 자료를 연구하고 다루는 것을 배우며 그들에게 개방되어 있는 모든 자원을 활용하여 새로운 지식의 통로를 개척해나갈 수 있다.

유대인 가정교육

가정교육이 가장 잘 되어 있는 민족이 유대인이다. 아이들에게 가정은 최고의 학교요, 아버지는 최초의 선생님이다. 유대인의 아버지는 네 기능을 가지고 있다. 공급자(Supplier), 보호자(Protector), 인도자(Guider), 교육하는 훈계자(Instructor)다. 아버지는 자녀에게 율법을 가르쳐야 한다. 토라, 탈무드를 가르쳐야 한다. 그래서 13살에 율법시험에 합격시켜야 유대인으로 인정받게 된다. 율법시험에 합격하면 성년식을 회당에서 하는 데 3시간가량 걸린다. 할아버지, 아버지 그리고 성년이 된 아들이 강대상으로 나온다. 랍비는 두루마리 성경을 꺼내 할아버지에게 준다. 할아버지는 아버지에게, 아버지는 아들에게 준다. 이때 아버지는 펑펑 운다. '내가 자식을 낳아 할 일을 이제 다 했다. 하나님이 나를 저주하지 않으신다.' 유대인 부모들의 교육은 유대인들을 세계 최고의 천재로 만들어놓았다. 자녀들을 남들과 똑같이 키우지 말고 각자의 장점을 찾아 개발해주는 것이 유대인 부모의 교육의 핵심이다.

아인슈타인의 어머니가 대표적인 사례다. 네 살 되도록 말도 제대로 못해 저능아라는 소리를 들을 정도로 아인슈타인은 부진아였다. 학교에 입학을 시켰는데 제대로 적응도 못 하였다. 그래서 성적표에는 이렇게 적혀 있었다. "이 학생은 지적능력이 낮아 앞으로 어떤 공부를 해도 성공할 가능성이 없음." 이런 성적표를 받고도 어머니는 얼굴을 찡그리지 않았다. "걱정할 것 없다. 남과 같아지려면 결코 남보다 나아질 수 없는 법이다. 그러나 너는 남과 다르기 때문에 반드시 훌륭한 사람이 될 것이다." 이렇게 격려하였다. 그리고 아인슈타인의 장점을 계발하여 주었다.

유대인 쉐마교육

유대인이라면 모두가 암기하고 있는 말씀이 있다. "이스라엘아 들으라. 우리 하나님 여호와는 오직 하나인 여호와시니 너는 마음을 다하고 성품을 다하고 힘을 다하여 네 하나님 여호와를 사랑하라. 오늘날 내가 네게 명하는 이 말씀을 너는 마음에 새기고 네 자녀에게 부지런히 가르치며 집에 앉았을 때에든지 길에 행할 때에든지 누웠을 때에든지 일어날 때에든지 이 말씀을 강론할 것이며 너는 또 그것을 네 손목에 매어 기호를 삼으며 네 미간에 붙여 표를 삼고 또 네 집 문설주와 바깥문에 기록할지니라."(신 6:4~9) 유대인들을 보면 이마에 테피린을 붙이고 다니는 것을 볼 수 있다. 그 속에는 쉐마 말씀이 들어 있다.

유대인 탈무드교육

유대인 천재교육의 세 번째 특징은 탈무드교육이다. 한동안 탈무드는 손으로 써서 전달되었다. 그러나 1240년 로마교황 그레고리우스 9세는 탈무드를 불태우라고 명령하였다. 그 후 여러 교황에 의하여 여러 번 그런 명령이 내려졌다. 그래서 손으로 쓰인 탈무드 수만 권이 불타 없어졌다. 탈무드가 처음으로 인쇄된 것은 1482년 스페인 과달라하라에서였다.

63권이 발간되고 72권을 목표로 발간되고 있다. 탈무드 제1권 1페이지는 백지다. 2페이지부터 시작한다. 항상 반복하여 읽는 책이라는 의미라고 한다. 탈무드는 대략 2,000명 정도의 랍비들이 정리하였고, 거의 600년 걸려서 완성하였으며, 베껴 쓰는 데만 100년 걸렸다. 큰 절판 소인쇄체로 3만 페이지에 달하고 있는데 적어도 100만 단어가 들어 있다. 유대 생활의 백과사전으로 건강, 의약, 법률, 윤리, 종교적 실행, 역사, 전기, 천문학, 생물학, 자선 등 모두가 망라되어 있다. 인류역사상 최대의 책이라고 생각하면 틀림이 없다.

유대인 유머교육

유대인들의 천재교육 네 번째 특징은 유머다. 유대인이 있는 곳에는 웃음이 있다. 유대인들은 가정에서도 웃고, 직장에서도 웃고, 길거리에서 웃고, 학교에서도 웃는다. 유럽에서 유대인들은 게토에 갇혀 살았다. 다른 곳에서 살 수 없는 거주의 제한을 받았다. 그러나 그런 속에서도 항상 웃음소리가 흘러나왔다. 부모상을 당하여도 한 달 이상 슬픔 속에서 살아서는 안 된다고 되어 있다.

49. 영국의 영재교육

1988년 영국의 교육개혁은 영국교육사에 있어 중대한 전환점으로 현재 교육 전반에 커다란 변화를 초래하고 있다. 특히 학교 자치운영, 학교 운영위원 구성, 국가 교육과정 체제, 학부모 선택권 강화와 관련하여 정부, 지방교육청, 학교 간의 역할과 권한이 달라짐에 따라 영재교육의 실제에도 다양한 변화가 진행되었다.

영재의 선별방법

영재의 선별분류에 다양한 방법이 있지만, 모든 방법들이 각 나름의 약점과 한계를 지니고 있다. 영재의 선별은 가능한 많은 학설을 포함하고 있는 다양한 방식을 활용해야 하는 민감한 것으로 특정한 하나의 방식에 의한 결과에 지나치게 비중을 두지 말아야 한다.

(1) 영재의 선별도구

- 규칙준수 지향 테스트
- 영재의 일반특징을 위한 체크리스트

－창의성 테스트

(2) 교사의 영재관찰

영재를 선별할 수 있는 숙련된 경험이 있는 교사의 자질은 필수적이다.

(3) 창의적인 학습환경

학생이 자신의 재능을 발견하여 학습할 수 있는 역량을 계발할 수 있도록 격려하여 그들이 도달할 수 있는 최상의 단계까지 학습환경을 제공한다.

(4) 영재교육의 세 영역

① 학습자료: 학생은 심화학습이 가능한 모든 자료를 바로 제공받아야 한다. 교사 자신이 개발한 자료뿐만 아니라 다양한 자료의 과제물이나 학습패키지를 개별적으로 제공해야 한다.
② 학습조직: 심화 교육과정의 운영이 가능하기 위해서는 개별학습이나 동질집단 학습이 가능해야 한다. 외부교사의 초빙, 영재 개별 또는 집단별 학습, 시인이나 화가와 같은 분야별 전문가의 초빙, 박물관, 전시회 등의 방문을 통한 현장학습 등을 제공해야 한다.
③ 교수법: 교수법 영역은 영재교육의 핵심이라 할 수 있다. 교수

법은 학교 교육 철학과 영재교육 정책의 중요한 부분으로서 확실히 정착되어야 한다. 교사는 교육을 통해 영재에게 접근할 수 있는 다양한 교수법을 습득해야 한다.

영재의 추천

영재로 추천하기 위해서 교사는 학생에 대한 관찰기록을 제시해야 한다. 객관적으로 제시된 학생에 대한 관찰과 기록은 조직적인 영재교육 과정의 구성을 가능하게 한다. 학교 테스트 결과(규칙준수 지향 테스트에서 115점 이상, 지능 테스트에서 120점 이상인 학생)와 영재 관련 체크리스트(특정범주에서 대다수가 체크된 학생) 등의 자료와 더불어 교사에 의해 평균 이상의 능력을 갖춘 학생으로 간주된 기록이 학교 영재교육 조정자(co-ordinator)에게 제출되어야 하며, 그 자료의 예는 다음과 같다.

국가교육 연구재단의 영어·수학·읽기 시험, 헌터 그룬딘 읽기 지능시험, 영재선별 체크리스트, 창의성 시험, 기타 학교에서 개발한 교사 체크리스트 등이다.

1988년 교육개혁법에 의해 설립된 도시지역의 11세~18세를 대상으로 한 중등학교의 한 유형인 도시기술학교(City Technology College: CTCs)와 도시기술예술학교(City College for the Technology Arts: CCTAs)는 또 다른 형태의 영재교육 기관이다. 과학이나 기술 또는 예술적 활동에 강조를 둔 교육이 국가보조금에 의해 제공되는데, 일종의 특성화된 학교라 할 수 있다. 이 학교는 높은 수준의 훈육과 출석률을 유지하고 있으며, 과학 분야뿐만 아니라 비과학 분야인 도덕과 인문과학 등에 대한 전문대학 수준의 교과를 제공함으로써 16세 학생이 학교에서 계속적으로 공부하는 것을 권장하고 있다.

1994년에는 본격적인 특성화 학교 프로그램이 적극 추진되었는데, 과학과 기술 이외에 현대외국어와 같은 특정 분야에서 프로그램을 특성화하는 것을 허용하였다. 학교의 선택과 다양성을 확대하기 위해 실시된 특성화 학교정책은 일반학교에서 특정 분야에 대한 보다 전문적이고 심도 있는 수준의 교육과정을 제공하는 형태로 영재교육을 시행하고 있는 것으로 볼 수 있다.

1990년에 왕립장학회는 영재교육을 위한 두 가지 새로운 안을 다음과 같이 제안하고 있다.

첫째, 영재를 위한 교육의 장으로서뿐만 아니라 영재교육을 위한 교사교육 및 연수를 위한 개방 교육기관이 제공되어야 한다. 이 기관을 통해서 학생은 학교 교육의 연장선상에서 학습이 연관되고 조화되어야 하며, 교사는 전직교육과 현직교육의 장으로서 전문적인 교육을 제공받아야 한다.

둘째, 영재교육의 새로운 접근으로 팀티칭이 활성화되어야 한다. 바퀴의 살처럼 다른 교과들 사이에서도 주제중심으로 팀을 이루어 수준별로 교사들의 생각을 연계 통합시킬 수 있는 접근이 시도되어야 한다.

공식적으로는 1990년 개교한 카드미어 국제학교는 영재들을 위한 특수 교육과정을 운영하고 있는 유일한 사립 기숙학교이다. 영국은 전체 108개의 지방교육청 중 35개의 지방교육청이 영재교육을 위해 공식적으로 책임이 있는 전문가를 최소한 한 명 이상을 고용하고 있다. 지방교육청은 다양한 교과에 대한 심화과정을 통해서 영재에 대한 적절한 교육을 실시하고 있는데, 대체적으로 과외활동으로서 주말이나 방학 중에 무상으로 제공하거나, 전국 규모의 12개의 영재교육 기관에서 개별적으로 제공하고 있다. 음악, 공연, 예술, 운동능력 등의 영재교육을 위한 특수학교도 있지만, 일반학교에서도 이러한 영역에 특별한 재능을 가진 학생을 대상으로 영재교육이 제공되기도 한다. 그러나 영재교육은 학교별로 그 질과 내용이 매우 다양하고, 지방교육 당국의 예산이 부족할 때 예산삭감의 1순위 대상이 되어왔다.

영재교육 현황

영국의 영재교육은 1990년대 후반까지만 해도 특별한 시스템이 갖춰지지 않았다. 이튼 칼리지로 대표되는 명문 사립학교 중심의 엘리트 귀족교육이 사회의 주류를 이끌어 가는 상황에서 정부차원의 영재교육 필요성이 없었던 것이다.

그러나 1999년부터 옥스퍼드 브룩스대 영재연구 센터의 공립학교 교사 영재교육 연수프로그램을 필두로 과목별 심화학습 강화 프로그램(Excellence in Cities)이 런던을 중심으로 400여 개 중·고교에서 시범적으로 실시되었다.

심화학습 강화 프로그램은 전통적인 귀족 영재교육과 달리 평등과 우열의 두 원칙 간에 조화를 꾀하는 것이 특징이고, 이 제도가 실시되면서 일반학생에 대한 수업수준도 높아지고 있다고 한다.

영재교육 담당교사들은 영재연구 센터에서 5일간의 연수를 통해 영재교육의 기본자세를 배운 뒤, 연구센터 인터넷을 통해 구체적인 학습법을 끊임없이 업그레이드한다.

영재대상 심화학습 프로그램 교재에는 일반교과서와 달리 창의성을 자극하는 문제가 가득하며 과학과목의 경우 각종 실험과 함께 각종 자연현상, 화학반응 등에 대해 그림을 그리는 교육방식이 권장되고 있다. 영재연구 센터에서는 영재성이 있는 학생들과 많은 대화를 나눌 것을 교사들에게 권장하며 교육학, 심리학 등을 중심으로 영재를 다루는 방식을 주로 교육하고 있다.

그 외 학술원 여름학교(National Academy Summer School)에는 영국 각지의 영재 200여 명이 몰려 교수들에게 수학, 과학 심화학습을 직접 받기도 한다.

50. 프랑스의 영재교육

유치원 영재교육

유치원은 2~6세까지의 교육내용이 다르게 계획되어 있기 때문에 여기서는 편의상 5세 이상의 교육내용과 방법을 살펴보기로 한다. 유치원의 교과과정은 대개 3부로 구분된다.

1부는 운동신경 체능교육, 표현·표상 창의성 교육, 언어(국어), 쓰기, 외국어 초보교육, 음악교육, 놀이와 상상력 교육, 수학준비, 환경 관찰교육으로 짜여 있고, 2부는 생활환경(생활교육) 내용과 생활 경험·놀이의 행동교육(개인, 그룹), 3부에서는 유치원에서 초등학교에 가는 통과 교육평가로 되어 있다.

(1) 운동신경 체능교육

교육내용은 운동신경 교육을 통해서 원만한 신체발달을 도우며, 모든 유치원생의 발랄한 행동의 자유로운 표현을 통하여 원만한 인격형성을 도모하며, 자신을 움직이면서 자신을 알게 한다.

(2) 표상 · 표현 창의성 교육

만들고, 그리고, 오려내는 작업 속에서 이루어진다. 그러나 이러한 작업들이 아무 목적도 없고 필요가 없는 일들이라 생각하면 아무런 가치를 주지 않기 때문에 동기유발이 강하지 않다. 그래서 목적을 주고 작업을 하게 한다.

(3) 말하기 교육

애정 있는 사회적 관계를 말로써 표현하는 기쁨을 자아내도록 한다. 말을 하도록 하며, 말을 할 줄 알게 한다. 언어의 전달형태를 말의 기능별로(암시, 소리의 억양, 발음, 정확한 단어, 형용사, 시적인 운율) 바른말, 고운 말, 자유로운 말의 구사를 가르친다.

(4) 쓰기 교육

글씨를 쓸 수 있는 준비과정을 의미한다. 우선 글자의 형태를, 여러 가지 놀이를 통해서 읽을 수 있는 반복과정을 거치면서 듣고 보고 하는 동안 개념적인 모양을 알게 하고 또한 글자의 모양을 신체의 구조처럼 전체적인 형태로 파악하게 한다.

또한 자기 앞에 놓여 있는 위치와 오른쪽에서 왼쪽으로 쓰인 순서, 공간 · 방향, 공간적인 구조, 위 · 아래 · 앞 · 뒤, 글자가 놓이는 형태, 발음을 통해서 단어를 집합시키는 분석적인 행동으로 이끌어가는 심리적인 태도를 준비시키는 과정이다.

(5) 외국어교육

유치원 교육과정에 정식으로 들어 있는 과목이 아니고 지역의 형편에 따라 유치원 자체에서 결정한다. 외국어를 쉽게 배우게 하는 이중 언어교육 정책의 일환으로 모국어를 더 정확하게 배우는 방법으로 교육을 시킨다.

(6) 음악교육

음악교육의 내용은 유희노래, 리듬노래, 멜로디, 합창노래 등이며 노래는 아무 데서 부르는 것이 아니며, 언제든지 부르는 것이 아니고, 함부로 부르는 것이 아니라는 음악의 정신을 동시에 가르친다.

(7) 상상교육

상상력 교육은 여러 형태의 놀이를 통해서 이루어진다. 언어놀이, 인형놀이, 동물놀이, 연극·각시놀이, 자연발견 여행, 동요·동시 읊기, 동화·그림동화 그리기, 이야기 짓기, 일기 이야기 발표 등이며, 특히 상상력 교육에 가장 큰 비중을 두는 교재방법으로 동화를 많이 쓰고 있다.

(8) 수학준비 공부

초등학교에서 배울 수학공부의 기초과정을 든든하게 해주는 데 있다. 정확한 수 개념, 양 개념, 부피, 길이, 높이, 배열, 크기, 모양 고르기, 동질의 내용분석, 줄긋기, 선의 조화를 교실의 생활 속에서 교재를 골라 응용하며 수학놀이 방법을 많이 쓴다.

(9) 환경의 관찰교육

환경의 관찰은 어린이 지각발달 개념형성을 촉진시키는 교육이다. 지각은 행동을 유발시키고, 행동은 경험을 주는 것이기 때문에 어린이의 환경관찰은 다양하게 이루어져야 한다.

(10) 생활의 환경교육

어린이 사회생활의 기초적인 개념인 시간개념, 계획성, 약속, 자기가 살고 있는 위치, 유치원의 구조, 교실 내의 구조, 가방 정리, 옷 입기, 옷 벗기, 잠자는 습관, 식탁예절 등 어린이 자신이 적응하는 실습방법을 쓰고 있다.

초등학교 1학년 준비반

말하기, 말의 표현, 의사표시, 의사전달, 쓰기, 언어에 대한 반사(발음의 모양, 절의 모양), 수학, 예능발달과 체육교육 등을 지도하고 있다.

51. 독일의 영재교육

영재교육의 특성

여러 교육학자들로부터 비판과 문제점 지적을 받고 있는 독일은 독특한 교육체제를 유지하고 있는데, 영재교육도 이에 준하여 실시되고 있으며, 초등학교부터 대학교까지 전 교육이 무상으로 실시되고 있기 때문에 국민들로부터의 비판은 매우 적다.

독일은 유치원을 마친 후, 만 6세가 되면 누구나 초등학교인 그룬트슐레(Grundschule)에 입학한다. 초등학교 기간 동안 학교 내에서 수학 과학 영재를 위한 심화과정이 실시된다. 4년제인 초등학교를 마친 후에는 만 11세 때부터 영재와 보통아를 구분하여 교육한다.

만 11세가 되면 중등학교가 시작된다. 초등학교 졸업생 중에서 최상위에 속하는 25% 정도에게 김나지움(Gymnasium) 입학이 허용되고, 그다음 중상위권 20~25% 정도는 레알슐레(실과학교)에, 그다음 중하위권 40~45% 정도는 하우프트슐레와 게잠트슐레에 입학한다. 그러나 예외적으로 김나지움 이외의 중등학교에 입학한 학생이라도 소수의 우수학생들은 다시 김나지움으로 전학이 허용된다. 현재 모든 김나지움은 공립이다.

김나지움 입학학생 중 20~30%는 낙제가 되며, 나머지 학생들 중 졸업시험인 동시에 대학입학 자격시험인 아비튜어(Arbitur)에 합격하는 비율은 약 90% 정도가 된다. 따라서 독일은 일반교육 제도와 교육 내용 자체가 중등학교부터 대학까지 철저한 영재교육을 실시하고 있다고 볼 수 있다.

영재교육 정책

(1) 5학년부터 영재와 보통아로 구분하여 영재는 김나지움으로 진학한다. 김나지움도 재능에 따라 수준 차이가 많다.
(2) 김나지움의 졸업시험인 아비튜어 시험이 단순암기식의 객관식 시험문제가 아니라, 창의성과 과학적 사고력을 키워주는 주관식 문제가 많이 출제됨으로써 심화학습 측면에서 영재교육이 잘 이루어질 수 있는 환경이 조성되어 있다.
(3) 속진 교육과정 측면에서 시범적으로 9년제 김나지움의 과정을 1년 단축하여 이수할 수 있는 8년제 김나지움을 시험적으로 운영하고 있다.
(4) 과학 영재교육을 위하여 특수학교인 김나지움이 설립되었다.
(5) 수학 및 과학 올림피아드를 통한 심화교육을 실시하고 있다.

영재교육 심화학습

방학은 자율적 탐구태도와 창의적 문제해결력이라는 영재적인 특성을 계발시키기에 좋은 기회다. 물론 숨은 영재성을 발굴하기에도 더할 나위 없는 계기가 될 수 있다. 영재적인 특성을 계발하기 위해서는 다루는 내용보다 지도하는 방법이 더 중요하다는 사실을 독일의 영재교육에서 엿볼 수 있다.

독일정부는 방학 동안 독일연방 학생학술원을 운영한다. 학술원은 원래 각계에서 이미 뛰어난 학문적 업적을 이룬 전문가들의 모임을 말한다. 독일연방 학생학술원은 학생들 중에서 이미 뛰어난 성취를 보인 학생들을 모아 전문가가 하는 것과 같은 과정을 거쳐서 작품활동이나 연구활동을 할 수 있도록 하기 위해서 만들어졌다. 이 학술원은 영재들을 한자리에 모아 각자의 관심사를 최대한 추구할 수 있는 기회를 제공한다. 학술원이 엄격한 기준에 따라 선발하는 16~18세의 전국 경시대회 입상자는 1,500명이다.

이 영재들은 독일 내의 여러 기숙학교에서 몇 주일씩 함께 생활하면서 스스로 선택한 주제를 중심으로 대학교수, 예술가, 경제 전문가 등과 함께 어린 시인으로서, 어린 과학자로서, 또는 어린 경제 전문가로서 사회나 연구 과정의 여러 문제를 함께 토론하고 탐구하며 작품을 만들기도 한다. 학술원에서는 학년이나 생활연령에 따라 그룹을 정하지 않는다. 오히려 정신연령과 흥미를 더 고려한다. 어려운 지식과 개념을 일방적으로 강의를 듣고 배우기보다는 구체적인 자료의 분석, 종합, 평가 등 고급 인지 과정을 발휘하는 추상적 개념과 아이디어를 구체적으로 다룬다. 또 정보화시대에 걸맞게 대학교수나 지역사회 전문가, 컴퓨터의 인터넷 등 수준 높고 다양한 교육자원을 두루 이용해 정보를 얻도록 한다. 무엇보다 교사가 이끌기보다 학생이 주도적으로 진행하는 것이 특징이다.

학술원에서 교사의 역할은 직접적인 감독자 또는 지도자보다는 보조자, 안내자로서 학습에 대한 자극과 도전을 제공해 학생들이 진리 탐구에 더욱 흥미를 갖도록 하는 것이다. 따라서 학생들은 스스로 선택한 주제나 소재를 중심으로 자신이 결정한 과제를 수행토록 한다. 이 과정에서 교사는 여러 가지 정보를 찾아낼 수 있는 정보원을 알려주거나 방향을 잡아주기 위한 토론의 상대역을 한다.

학생들은 이미 학습한 것을 토대로 사회적인 문제나 논쟁점을 분석하고 신랄하게 검토하고 비판한다. 이런 교수·학습 활동을 통해 학생들은 자율적 탐구태도로 창의적 문제해결력을 발휘하게 된다. 이런 경험을 통해 학생들은 전문가와 같이 독자적으로 연구계획을 세우고 수행할 수 있는 바탕을 기르는 것이다.

52. 호주의 영재교육

영재교육의 특성

호주의 일반적인 교육체제는 유치원 1년 과정, 초등학교 6년 과정, 중·고등학교 6년 과정으로 총 13년의 의무교육 기간을 가진다.

교육자들은 1970년대 중반 평등주의라는 이념을 받아들여 특권층을 위한 교육기관이라는 과거의 학교 교육 방향을 수정하여 대중층을 위한 교육기관으로 전환할 수밖에 없었다. 그러나 1980년대부터 연방정부의 교육부는 영재교육과 관련된 국가정책을 발표하였다.

호주의 영재교육 정책을 결정하는 기본적인 틀 중 중요한 것은 다음과 같이 요약된다.

첫째, 각 주의 여건에 따라 다양한 영재교육 프로그램을 개발하고 운영한다.

둘째, 각 주는 주의 여러 가지 조건에 따라 심화제, 속진제, 특별활동 클럽, 흥미센터, 특별반, 특수학교 중에서 선택하여 운영한다.

셋째, 어떤 학생이 영재인지 가려내는 판별에 중점을 두기보다는 다양한 분야의 교육 프로그램을 제공해줌으로써 자신의 적성과 흥미가 무엇인지 찾게 해준다.

넷째, 영재를 판별할 때 1회에 판별하기보다는 지속적인 관찰로 판별한다.

영재교육 프로그램

(1) 심화활동

모든 학교에서는 영재교육 프로그램의 일환으로 심화활동을 한다. 호주에서는 정규학급 내에서 운영하는 심화 프로그램이 대부분이며, 시간제 특별반에서 운영되는 심화 프로그램은 짧은 시간 동안 그리고 단기간 내에 운영된다.

이 프로그램이 성공적으로 운영되는 원인은 교사뿐만이 아니라, 부모, 지역사회 인사들의 참여를 간과할 수 없다. 이 프로그램의 장점으로는 많은 학교에서 다양한 유형으로 교사가 자진해서 운영한다는 점이지만, 심화 프로그램이 비체계적으로 운영되며, 영재의 능력과 심화활동의 수준이 맞지 않을 때가 많다는 단점도 있다.

(2) 특별활동 클럽

특별활동 클럽은 지역적으로 근접한 몇몇 학교가 영재를 위한 교육 프로그램을 공동으로 제작하고 운영하는 형태를 말한다. 각 학교에서 선발된 영재들을 특정학교에 모이게 하여 심화활동이나 연장학습을 진행하는데, 개별학교에서 소수의 학생만을 부담하기에는 힘겨운 교육비, 시간, 노력을 참여 학교들이 공동으로 부담하게 되므로 쉽게 운영할 수 있다는 장점이 있다.

대개의 주는 특별활동 클럽을 운영하지만, 모습은 다르다. 퀸즐랜드주는 수학, 작문, 계산, 과학, 문화행사 등 38개의 특별활동 클럽이 있는데, 몇몇 클럽의 프로그램은 단기에 끝나거나 1회에 끝나기도 하는 반면, 어떤 프로그램은 10주간 연속적으로 진행되기도 한다.

(3) 전문수준의 교육

중·고등학교 학생을 위한 프로그램이 더 준비되어 있다. 7~12학년의 중·고등학교 학생을 위해서 일반학교 내에 특수 흥미센터를 설치하여 운영한다. 학생들은 일반학급에서 정규 교육과정을 이수하는 동시에 특정분야의 흥미센터에 가서 영재교육을 받는다.

종합학교(중학교)에 특별반을 설치하고 우수한 학생들을 대상으로 개별 학습지도를 한다. 서부 호주는 초등학교 6학년 학생을 대상으로 소정의 시험을 치르고 뛰어난 학생들을 선발하여 종합학교에 진학할 때, 고급수준의 교육과정으로만 구성된 특별반에 편성시킨다.

53. 21세기가 요구하는 영재 덕목

1. 뚜렷한 목적과 열정을 가르쳐라.

   (Purpose & Passion)

2. 맡은 바를 충분히 다할 수 있도록 자기완성도를 높인다.

   (Role Fulfillment & Self Actualization)

3. 일생에 걸쳐 정체성을 재정립시켜라.

   (Know your Diaspora self)

4. 덕이 재주를 앞서야 한다.

   (Virtues over skills)

5. 창의적인 통합력이 아이를 살린다.

   (Creative synchronism)

6. 역사적이고 세계적인 안목과 시야를 길러라.

   (Historical & Global world view)

7. 진실한 마음을 얻는 대인관계의 힘을 경험하게 하라.

   (Relationship)

♣ 사랑으로 가득 찬 삶 ♣

삶은 새로운 것을 받아들일 때만 발전한다
삶은 신선해야 한다
결코 아는 자가 되지 말고
언제까지나 배우는 자가 되어라
마음의 문을 닫지 말고
항상 열어두도록 하여라

졸졸 쉴 새 없이……
흘러내리는 시냇물은 썩지 않듯이
날마다 새로운 것을 받아들이는 사람은
언제나 활기에 넘치고
열정으로 얼굴에 빛이 납니다

고여 있지 마시길……
멈춰 있지 마시길……
삶은 지루한 것이 아닙니다
삶은 권태로운 것이 아닙니다
삶은 신선해야 합니다

자녀들의 삶도 영재성이 길러지도록 신선하게
만들어 주어야 합니다.

54. 엘리트 교육

(1) 세종대왕은 엘리트 교육에 각별한 관심을 가졌었다. 임원준(任元濬)이 신동으로 글을 잘 짓는다는 소문이 자자하자 효령대군의 별장에 불러 옛사람은 일곱 걸음 걷는 동안에 시를 짓는다 했는데 네가 옛사람을 따를 수 있겠는가 하고 '봄 구름'이라는 시제(詩題)를 내렸다. 가까워 오는 화창한 날씨에 / 멀어만 가는 만 리 구름이로다 / 바람은 천 리를 헤치고 / 햇빛에 다섯 꽃 색이 영롱하다 / 용 따를 날을 기다렸다 / 장맛비 되어 성군을 받들리라. 이에 동반의 벼슬자리로 특채했다. 청사에 그 이름이 빛났다고 왕조실록은 적고 있다.

(2) 다섯 살에 중용 대학에 통달했다는 김시습(金時習)의 소문을 듣고 세종대왕은 동자의 배움은 백학(白鶴)이 청송 끝에 춤추는 것 같다는 시구(詩句)에 대구(對句)를 지어 올려라 시켰다. 이에 성주의 덕은 황룡이 벽해에서 꿈틀거림과 같다고 지어 바쳤다. 그의 아들 손자 대대로 간사함을 계승하였다고 왕조실록은 적고 있다.

(3) 예기(禮記)에 다섯 살부터 셈과 방위를 가르친다고 했다. 지금

온 세계의 초등교육이 시작되는 나이는 터키가 4세, 몽골이 8세로 모두가 그 중간이다. 이 나이 무렵에 뇌세포의 신경돌기(神經突起)끼리 왕성하게 맥락 배선을 이루기 시작하는데, 이때 배선이 잘못되면 역효과가 난다고 경고한 것은 행동 심리학자 윗슨이다. 머리가 좋다거나 IQ가 높다는 등 선천적 신동성향을 타고나는 것을 지능(Intelligence)이라 하고 교육에 의해 후천적으로 터득하는 것을 지혜(Intellect)라 한다. 빨리 자라서 익으라고 벼 이삭을 뽑아놓듯이(알묘조장) 지능만 믿고 어떤 지위나 학위를 빨리 얻기 위해 선별하고 고립시키는 엘리트 교육은 오히려 그 좋은 인간자질을 훼손한다. 송나라 때 신동을 일찍 등용시키는 신동과가 있어 닭처럼 죽롱(竹籠) 속에 가두어 세상물정과 차단하고 과거 공부만 시키는 바람에 병들고 인생파탄을 자초, 엘리트 교육을 죽롱신동으로 빗대기도 했으니 학부모의 변수도 감안해야 한다. 월반(越班) 등 엘리트 교육이 성안, 발표되었는데 제도보다 교육의 질이 성패를 좌우한다는 사실에 착안했으면 한다.

(4) 우리가 고교평준화제도를 시작했던 1970년대에 이미 세계 대부분의 나라들은 수월성(秀越性) 교육이라는 시각에서 영재교육을 시작했다. 미국은 1930년대부터, 사회주의권의 소련과 동유럽 국가들은 1950년대, 중국은 1978년, 이스라엘은 1973년, 대만, 홍콩, 싱가포르 등 아시아의 국가들도 1970년대부터 영재교육을 시작했다.

(5) 세계 각국에서 고부가가치의 지식을 생산해낼 수 있는 창의력과 리더십을 갖춘 고급두뇌의 양성을 절실하게 느낀 시기는 우

리보다 적어도 30년은 앞선다. 수월성 교육과 영재교육 면에서 우리는 다른 선진국들에 비하면 늦은 감이 없지 않지만, 아직 시작하지 않은 일본에 비하면 이른 셈이다. 최근 일본 언론들은 우리나라 영재교육을 경쟁적으로 취재·보도하고 있다. 그 이유는 우리나라의 영재교육이 획기적으로 발전하면서 부산과학영재학교와 민족사관고등학교 등이 탁월한 영재들을 길러내고 있기 때문이다.

(6) 우리나라에서 수월성 교육 대상자를 상위 5%로 발표한 것은 선진 대부분의 나라에서 영재교육 대상자를 상위 5% 내외로 규정한 것과 비교적 일치하는 수준이다. 미국은 1970년대에 영재교육을 상위 3~5% 학생으로 시작했으나, 1988년 이후 3~15%까지 확대하였고, 이스라엘은 상위 3%는 물론이고 사회경제적으로 어려운 가정의 미성취 영재들도 별도로 발굴하여 교육한다.

(7) 우리나라는 그동안 0.3%만이 영재교육 대상자였다. 교육부에서 이번에 상위 5%로 대상자를 정한 것은 세계적인 추세에 잘 맞는 방향이다. 수월성 교육에서 가장 큰 이슈는 소위 우열반 가르기를 해야 하는가이다. 평준화 제도를 채택하고 있는 미국 등 여러 나라 학자들은 집단편성이 영재들의 능력계발에 기여하는가로 논란을 벌이면서, 별도의 집단편성이 우수학생들의 성취도 향상에는 기여하지만, 자신감이나 리더십을 키우는 데는 방해가 될 수 있다고 문제를 제기한다.

(8) 우리나라의 경우 별도의 집단편성이 학생들 간 위화감을 조성한다는 논란에 언제나 휘말려 든다. 그래서 영재학교를 제외하고는 방과 후, 주말, 방학을 이용한 프로그램 형태로 영재교육

을 해왔다. 이제부터라도 학교교육에서 집단편성에 따른 위화감 쟁점에서 벗어나 모든 아이들의 잠재력 최대계발로 교육적 시각을 바꿔야 할 때다.

(9) 수월성 교육의 성공 여부는 교원의 전문성에 달려 있다. 중국의 영재교육 담당교원은 우리나라 대학교수들이 한 대학에서 평생 근무하는 것과 같이 특정 영재학교에만 소속되어 근무한다. 미국은 주(州)마다 다르지만 대체로 자격증제도나 인증제도로 영재교육 담당교사들을 양성하고 지역교육청이 임용, 배치한다.

(10) 반면 우리나라에는 영재교육 담당교사 제도가 없다. 일반교사들이 연수를 받아 영재교육을 담당하다가 일정기간이 지나면 다른 학교로 전근을 가게 된다. 이래서는 교사의 전문성을 높이기 어렵다. 빠른 시일 내 순환근무제를 보완해 영재교육 전담 전문교사를 안정적으로 확보해야 한다.

(11) 우리나라 일반학생들의 지식과 기능수준은 미국 영재학생들과 비슷한 반면, 우리나라 영재학생들의 창의성과 리더십 수준은 미국 일반학생 수준과 비슷하다는 연구결과가 있다. 이런 문제가 우리의 영재교육과 수월성 교육의 초점을 창의성과 리더십 계발에 두어야 하는 이유 중 하나이다. 수월성 교육이 성공하려면 교원의 전문성 신장과 함께 창의성과 리더십을 반영하는 대입 전형방법 도입이 필수적이다.

(12) 수월성 교육이 곧 국가경쟁력이라는 점을 명심하고 수월성 교육 종합대책이 성공할 수 있도록 정부의 체계적인 준비와 지원이 이루어져야 하며, 나아가 학부모·교사·학생들의 폭넓은 이해와 공감대가 형성되어야 할 것이다.

(13) 우리나라 교육은 오락가락하는 대입제도, 공교육의 황폐화, 획일적 평준화 체제, 이공계 기피현상, 교육이민 등 여러 가지 문제로 인해 어려움을 겪고 있다. 평준화 제도는 상위와 하위 그룹 학생들의 학력을 높이는 데 어려움이 있음에도 30년 동안 시행되고 있다. 교육인적자원부는 제7차 교육과정을 통해 평준화 제도의 문제점을 해결하려고 노력했다. 제7차 교육과정은 수준별 교육과 단계별 교육을 강조하지만 정작 교육현장에서 실시하는 데는 갖가지 허점이 나타나고 있다.

(14) 세계의 선진국들이 그렇듯이 우리나라도 우수한 인재양성이 절실했다. 이에 따라 1998년 대학에서 과학 영재교육이 실시됐고, 2002년에는 부산과학영재고가 설립됐다. 2004년 현재 대학, 시·도 교육청 산하의 영재교육원과 영재학급 등이 비록 전체학생의 0.3%에 불과하지만 다양한 형태의 영재교육을 하고 있다. 그러나 수월성 교육을 필요로 하는 학생의 수요는 여전히 많다.

따라서 앞으로도 계속 영재교육의 양적 팽창은 물론 질적 향상이 요구된다. 최근에 발표된 경제협력개발기구(OECD)에서 시행한 학업성취도 국제비교(PISA)를 보면 평균성적은 다른 나라에 비해 아주 우수하나 상위학생들의 평균성적은 뒤떨어지는 것으로 나타나고 있기 때문이다.

(15) 교육부가 평준화 제도를 보완하고 상위학생들의 탁월한 능력을 계발, 신장시키기 위해 '수월성 교육 종합대책'을 발표한 것은 시의적절하다. 대책에는 그동안 우리나라에서 소홀히 다뤄온 소외계층의 영재발굴, 수준별 이동수업, 집중이수 과정,

심화학습 이수인정(AP) 제도, 조기진급 및 졸업제도 등이 담겨 있다. 이러한 수월성 교육이 제대로 정착되기 위해서는 다음 여섯 가지가 충족돼야 한다.

첫째는 영재교육과 수월성 교육을 시킬 수 있는 전문화한 교사가 연수 등을 통해 많이 육성돼야 한다. 비록 학습현장에서 적절치 못한 교육 프로그램이 이용될지라도 교사들의 역량이 뛰어나면 수월성 교육은 성과를 거둘 수 있다.

둘째는 수월성 교육을 필요로 하는 학생들이 잘 선발돼야 하고, 이들에게 필요한 적절한 교육 프로그램이 개발·제공돼야 한다. 이러한 교육 프로그램이 수월성 교육의 혜택을 받지 못하는 다른 학생들에게도 제공된다면 평준화 교육의 전체수준이 향상될 수 있다.

셋째는 수월성 교육은 수학과 과학뿐 아니라 전 교과영역으로 확대돼야 한다. 우리 사회는 다양한 영역에서 탁월한 능력을 가진 인재들이 유기체적으로 연결돼 활동해야 발전하게 된다.

넷째는 수월성 교육의 혜택을 받는 학생들은 조기진급, 졸업을 하게 되는데 이들이 적절한 대학에 진학할 수 있는 대학입학 시스템이 마련돼야 한다. 또 대학도 이들이 계속 수월성 교육을 받을 수 있도록 교육과정을 마련해야 한다.

다섯째는 수준별 이동수업이 목적을 달성할 수 있도록 현장연구를 통해 철저히 준비해야 한다. 교육여건이 만들어지면 실시하겠다는 생각보다는 어떻게 그러한 교육여건을 만들어갈 것인지에 노력을 더 기울여야 한다.

여섯째는 상위학생뿐 아니라 하위학생들에 대한 교육정책도

시급히 수립해야 한다. 하위학생들의 학력 신장은 우리 사회에서 그들의 능력의 폭을 넓혀주고, 상위학생들의 능력도 더 깊게 해준다.

(16) 교육부가 내놓은 정책이 아무리 훌륭하더라도 우리 사회에 뿌리내리기 위해서는 국민이 신뢰를 갖고 오랜 기간 인내하며 보완·정착시켜 나가는 자세가 필요하다. 그래야 교육 시스템이 안정을 찾고 우리의 자녀가 양질의 교육혜택을 받을 수 있다.

55. 유능한 영재가 되려면

첫째: happy look

부드러운 미소

웃는 얼굴을 간직하십시오.

미소는 가까이하는 마력을 가집니다.

둘째: happy talk

칭찬하는 대화

매일 두 번 이상 칭찬해보십시오.

덕담은 좋은 관계를 만드는 밧줄이 됩니다.

셋째: happy call

명랑한 언어

명랑한 언어를 습관화하십시오.

명랑한 언어로의 대화는 인간관계를 부드럽게 합니다.

넷째: happy work

성실한 직무

열심과 최선을 다하십시오.

성실한 직무는 신뢰를 쌓게 합니다.

다섯째: happy song

즐거운 노래

조용히 흥겹게 마음으로 노래하십시오.

마음의 노래는 사랑을 깨닫게 합니다.

여섯째: happy note

아이디어 기록

떠오르는 생각들을 기록하십시오.

당신을 풍요로운 사람으로 만들 것입니다.

일곱째: happy mind

감사하는 마음은

긍정적인 마인드를 가지게 합니다.

비로소 당신은 행복한 사람임을 알게 됩니다.

56. 오감교육(五感教育)

(1) 시각발달 놀이법

① 크레파스와 다리미: 크레파스가 변해가는 과정이 아이들에게 마법 같은 시각적 충격을 준다.

* 칼로 원하는 색의 크레파스를 깎아 가루를 만든다.

* 색색의 크레파스 가루를 스케치북에 원하는 모양으로 꾸민다.

* 스케치북 위에 신문지를 한 장 덮고 뜨겁게 달군 다리미로 아이와 함께 다린다.

* 크레파스 가루가 골고루 잘 녹은 것을 확인한 다음 만들어진 무늬 위에 물감으로 바탕을 색칠하도록 한다.

② 금붕어와 이야기하기: 상상력 넘치는 관찰로 사물을 특별하게 만드는 재주를 갖게 된다.

* "오늘은 금붕어의 이름을 지어볼까?" 아이가 금붕어를 관찰하고 어울리는 이름을 스스로 짓게 해준다.

* 아이가 지은 금붕어의 이름을 말하며 "오늘은 ○○가 뭐라고 그래?"라며 아이의 상상력을 자극한다.

* 금붕어의 기분, 금붕어가 하는 말을 아이가 느낄 수 있도록 해준다.

추천! 교육기관

발자국 소리가 큰 아이들

한국문화예술지능원(www.kcaf.or.kr)에서 운영하는 미술 프로그램. 매년 5월에는 아이들이 만든 작품을 자랑하는 전시회가 한국문화예술진흥원(마로니에 미술관)에서 열린다. 문의 02-760-4500

미술로 생각하기

유아 퍼포먼스 미술을 표방하는 '미술로 생각하기'(www.misul.com)는 미술에 적극적인 놀이개념을 도입해 좋은 반응을 얻고 있는 교육기관이다. 2개월 된 유아부터 7세 미취학 아동까지를 대상으로 하며 발달과정에 따라 반이 나누어진다. 문의 02-2057-4580~3

풀잎 동요마을(pullip.ktdom.com)

아이를 위한 동요와 손 유희, 율동 등을 무료로 이용할 수 있는 사이트. 전래동요와 동요 등이 다양하게 구비돼 있으며 노래검색 기능이 있어 원하는 노래만 골라 들을 수도 있다.

클래식 이야기(www.classicstory.net)

아이와 함께 클래식에 입문하고 싶은 부모에게 추천하고 싶은 사이트. 난해한 여타 클래식 사이트와는 달리 초보자를 위한 배려가 곳곳에서 느껴진다. 초보자 클래식 이론, 음악사, 명반 추천 등을 이용하면 쉽게 클래식에 접근할 수 있다.

짐보리(hymboree.co.kr)

유아놀이 프로그램을 운영하고 있는 짐보리의 이모저모를 엿볼 수 있는 사이트. 청각인지 발달에 기초한 이곳의 교육 프로그램은 세계적인 수준이다. 더불어 각종 육아 정보와 함께 젊은 주부들의 커뮤니티도 운영 중이다. 문의 02-596-0949

사운드 메카(www.soundmecca.co.kr)

강물, 바람, 강아지, 천둥소리까지 전문가들을 위한 효과음 사이트지만 아이에게 다양한 소리를 들려주고 싶을 때 클릭하면 좋다. SF 전자빔 소리, 지하철 소음 등 재미있는 소리도 들을 수 있다.

(2) 청각발달 놀이법

① 우리는 소리탐정: 소리가 어디서 나는지, 어떻게 들리는지, 어떻게 만들어졌는지에 대한 이해가 이루어진다.

* 안이 비치지 않는 뚜껑 달린 플라스틱 그릇을 준비한다. 이때 얇은 그릇을 준비해 소리가 예민하게 나도록 한다.

* 그릇 안에 모래, 자갈, 물, 반지 등을 넣고 흔들어 아이에게 무엇이 들었을까 맞히게 한다.

* 모래의 사각거리는 소리, 자갈의 묵직하게 부딪히는 소리 등이 모두 음악처럼 들린다.

* 마이크를 이용해 가족들의 목소리를 녹음해 맞히는 것도 재미있다.

② 몸으로 소리를 내봐요: 신체를 이용해 다양한 소리를 만들어보면서 몸과 소리에 대한 감각을 익힌다.

* 손뼉치기, 휘파람 불기, 뽀뽀하기 등 손으로, 입으로, 발로 낼 수 있는 소리를 만든다.

* 좋아하는 음악에 맞춰 소리를 내본다. 아이 몸에 저절로 박자감각이 밸 것이다.

* 신체의 변화를 소리를 통해 설명해보자. "밥을 먹어 볼록해진 배를 두드려보자"라든지, "졸린 입을 두드려보자" 등이 있을 수 있다.

(3) 후각발달 놀이법

① 아로마 놀이

* 아이가 세수하는 물에 아로마를 살짝 푼다.

* 세수하기 전, "오늘은 무슨 향일까?" 물어보고 아이가 스스로 맞추게 한다.

② 비 온 뒤 지렁이 찾기

비가 온 다음 가까이에 있는 공원으로 나가 아이와 함께 지렁이나 벌레를 찾아보자. 아이들에게 벌레는 신기하고 재미있는 대상. 땅을 살살 파며 비 온 뒤 흙냄새를 맡을 수 있다.

③ 눈 감고 과일 향 맞히기

* 신선한 제철 과일을 여러 종류 준비한다.

* 아이의 눈을 가리고 무슨 과일 향인지 맞히게 한다.

* 엄마가 한 입 베어 먹고 과일 속 향까지 맡게 하면 더 좋다.

후각발달 체험 프로그램

신구대학 식물원

2003년 5월 개원한 신구대학 식물원은 약 15만 평의 임야에 270여 종의 자생식물을 보유하고 있다. 주변에 향료식물, 식용식물 등 주제별 식물도 전시하고 있다. 홈페이지에서 어린이 교육 프로그램을 확인한 다음 가는 것도 좋은 방법이다.(www.sbg.or.kr)

생명의 숲 가꾸기 운동본부

서울시 숲 속 여행 프로그램 사단법인 '생명의 숲 가꾸기 운동본부'에서는 숲 기행, 숲 교실, 숲 캠프 등 다양한 숲 체험 프로그램을 운영하고 있다. 매월 넷째 주 일요일에 전국 숲에서 개최되며, 사전에 전화나 인터넷을 통해 접수하면 된다.

어린이요리사를 위한 레시피

학생전용요리카페(cafe.daum.net/simfood)

요리를 좋아하는 학생들이 운영하는 카페. 오븐 없이 만드는 빵, 간단 김치볶음밥 만드는 방법 등이 올라와 있다.

어린이요리사(kidchef.com)

요즘 아이들의 입맛에는 국경이 없다. 오히려 밥보다 피자나 스파게티를 더 좋아할 정도. 외국 사이트인 어린이 요리사에서는 이런 아이들의 입맛에 맞는 레시피를 얻을 수 있다.

(4) 미각발달 놀이법

<u>달걀 마늘 바게트</u>

준비물: 마늘, 버터, 바게트, 달걀, 당근, 마요네즈(혹은 케첩)

마늘 즙과 버터를 바게트에 골고루 바른 후 곱게 푼 달걀 물에 담 갔다가 꺼낸다. 오븐 판에 쿠킹포일을 깔고 버터를 바른 후 달걀 물 묻힌 바게트를 달라붙지 않도록 3~4개 정도 놓고 약 8분간 노릇하게 구워낸다.

* 마늘을 곱게 빻아 버터와 함께 섞는다.
* 바게트를 얇게 썰어 마늘 버터를 골고루 바른다.
* 당근을 매우 곱게 다진다.
* 그릇에 달걀을 푼 다음 곱게 다진 당근을 넣고 섞는다. 이때 나중
  에 음식을 꾸밀 당근을 조금 남겨둔다.
* 바게트를 달걀에 퐁당 담근다.
* 프라이팬에 기름을 두른 후 바게트를 얹는다.
* 바게트가 노릇노릇해졌을 때 꺼낸다.
* 바게트 위에 마요네즈나 케첩으로 예쁘게 그림을 그리고 곱게
  다진 당근으로 꾸미면 된다.

(5) 촉각발달 놀이법

① 찢기와 오리기: 스트레스를 해소해주는 동시에 아이의 소근육
   을 발달시키고 눈과 손의 협응력을 높인다.
* 준비물은 오로지 신문지나 잡지, 갱지들을 버리지 않고 챙기는

지혜이다.

* 아이들은 종이 찢는 것 자체를 즐긴다. 다양한 질감의 종이를 주고 그 차이를 느끼면서 찢을 수 있도록 하자.
* 다양한 모양으로 찢은 종이에 이름을 붙이고 나름대로 이야기를 만드는 것도 좋다.
* 가위질이 가능한 나이가 되면 자신이 그린 그림의 형태를 따라 찢거나 오리게 유도하자.

② 구슬 끼우기: 아이들이 성취감을 느껴 자신감을 얻을 수 있으며, 소근육을 발달시켜 두뇌발달에 도움이 된다.

* 시장에서 흔히 구입할 수 있는 구멍 뚫린 구슬을 준비한다. 각진 모양, 둥근 것, 빨강, 노랑 등 다양하게 준비하도록 한다.
* 아이가 다치지 않을 정도로 물렁물렁한 철사에 구슬을 끼우며 놀게 한다.
* 구슬을 다 끼운 다음 원하는 대로 구부려 모양을 만들게 한다.

③ 이태리타월로 인형 만들기: 까끌까끌한 이태리타월의 감촉이 아이에게 최고의 장난감이 된다.

* 이태리타월과 바늘, 실, 단추, 매직 등을 준비한다.
* 아이가 가위로 이태리타월을 자르게 한다. 동그라미나 별 등 다양한 모양이 나올 수 있다.
* 자른 이태리타월에 솜을 넣게 하고 꿰맨다.
* 모양이 갖춰지면 단추로 눈을 만들고 매직으로 입을 그려 넣는다.
* 아이가 이태리타월에 이름을 붙이고 가지고 놀 수 있도록 한다.

57. 과학박사 만들기

    아이들에게 과학은 딱딱한 것이 아니다. 주변에서 일어나는 모든 것에 대해 관심을 갖고, 합리적으로 접근할 수 있는 태도를 키워주는 것이 어린이 과학교육의 기본이다. 자연 속의 다양한 현상과 대상에 관심을 갖고 적극적으로 탐구하려는 태도와 이를 위해 필요한 사고력, 그리고 기술들의 탐구력을 길러줄 수 있는 놀이와 함께하는 것이 내 아이를 미래의 주역으로 만드는 방법이다. 그리고 무엇보다 아이에게 "왜 그럴까?"라는 질문을 던지고 스스로 답을 찾게 해야 한다. 그렇다면 어떻게 내 아이에게 과학적 사고를 키워줄 수 있을까?

상상력은 과학의 기본

    인간이 달에 가고 싶다고 생각한 것은 그곳에 진짜 달 토끼가 사는지 선녀가 있는지를 궁금하게 생각했기 때문이다. 1997년 영국의 BBC 방송국에서 유능한 과학자들과 한 인터뷰는 이런 '상상력'의 힘을 분명히 보여준다. 그들을 뛰어난 과학자로 만든 것은 차가운 가슴과 뛰어난 지적능력이 아니라 과학적 대상에 대해 갖게 된 정서적 호감 때문이라는 것이다. 그러니 "달에는 바람이 없고, 중력이 약해서

붕붕 날아다닐 수 있어"라고 접근하는 것보다 동화책을 읽으며 정서
적으로 접근하는 것이 더 바람직하다.

엄마가 먼저 과학자가 되자

아인슈타인에게는 유아기 때 나침반을 사주고 그의 질문에 귀를
기울여 준 삼촌이 있었다. 만약 그때 삼촌이 나침반이 아닌 평범한
장난감을 사줬다면 인류의 시계는 달라졌을지 모른다. 아이를 위해
'왜'라는 질문을 습관화하자.

자연을 접하는 것은 과학교육의 기초

자연은 모든 과학의 시작이다. 비는 왜 올까? 새는 어떻게 날까?
이런 질문을 아이에게 던지면서 아이들의 답에 귀를 기울여보자. 풍
부한 상상력으로 빚은 아이들의 답에 손을 들어주고, 간단한 과학상
식을 말해주는 정도가 좋다.

어린이 영어교육

어린이 영어교육은 아이들이 영어에 호감을 가지게 하는 정도에서
이루어져야 한다. 중요한 건 아이가 가장 좋아하는 공부법을 찾는 것
이다. 영어놀이가 취미가 될 수 있는 놀이를 함께 즐겨보자.

첫째, 상상력으로 말하기: 아이들은 집중력이 약하기 때문에 동화
책 등 이미지로 영어와 친숙하게 만들어야 한다. 역할극이나 영어만
화 등으로 아이들이 영어를 재미있게 느끼게 도와주자.

둘째, 영어발음을 같이 배운다: 6~7세 때 영어발음을 잡아주면 더
이상 발음에 대한 걱정은 하지 않아도 된다. 그 이후에는 우리말 발

음이 몸에 배고 귀에 익어서 더 어려워지는 것이다. 무조건 들려주는 것보다 비디오를 보며 아이와 함께 발음을 배워보자. 아이에게만 시키는 것은 스트레스를 주는 요인이 될 수 있다.

셋째, 영어 스펠링 암기는 나중에: 많은 부모들이 아이에게 알파벳과 영어 스펠링을 가르치려 한다. 하지만 이런 식의 공부는 아이가 영어에 흥미를 느낀 다음의 일이다. 영어동요나 게임 등으로 놀아 주는 것부터 시작하자.

교학상장(教學相長)
가르치고 배우며 서로 성장한다.

58. 수학공부는 이렇게

(1) 아이가 스스로 놀게 한다. 이건 이렇게 만들어야지, 이건 여기에 등으로 시키거나 아이가 만든 것을 변형시키지 말자. 아이가 몰입할 수 있도록 재미있게 놀게 한다.

(2) 생활 속에서 간식을 줄 때도 도넛과 사탕을 주고 예쁘게 꾸민 다음 먹게 하자.

(3) 단계적으로 진행하자. 아이가 처음부터 상상력을 발휘해 멋진 모양을 만들 수 있는 건 아니다. 기존에 있는 작품을 제대로 모방할 수 있는 정도에서 시작해 5세가 넘으면 자율적으로 작품을 만들도록 유도하자. 처음부터 "만들고 싶은 것을 만들어봐"라고 성급하게 시작하면 역효과를 낼 수 있다.

(4) 보드게임으로 도형과 수의 개념을 익힌다. 요즘에는 가베의 원칙을 응용한 보드게임이 많이 나와 있다. 아이가 네모난 주사위를 굴려 말을 직접 움직이며 도형과 수의 개념을 파악하도록 할 수 있다. 어린이 수학교육은 이처럼 정형화된 틀을 따라가지 않도록 한다.

성공하는 아이들의 행동습관 20

① 식성이 좋다.

② 용모(외모)를 단정하게 꾸민다.

③ 글쓰기를 좋아한다.

④ 변화를 즐긴다.

⑤ 중요한 일부터 처리한다.

⑥ 상대방의 이야기를 열심히 듣는다.

⑦ 집, 학교생활에서 아이디어를 많이 낸다.

⑧ 쉽게 포기하지 않는다.

⑨ 자신의 일은 스스로 처리한다.

⑩ 장점을 발휘할 줄 안다.

⑪ 자신의 건강을 스스로 챙긴다.

⑫ 독서를 좋아한다.

⑬ 메모하는 습관이 있다.

⑭ 잘 웃고 남들을 잘 웃긴다.

⑮ 약속을 잘 지킨다.

⑯ 때로는 남들이 싫어하는 궂은일도 한다.

⑰ 매사에 적극적으로 참여할 줄 안다.

⑱ 아침 시간을 잘 관리한다.

⑲ 다른 사람에게 베풀 줄 안다.

⑳ 이러한 습관을 많이 가진 아이들과 자주 어울린다.

59. 자녀의 영재성 테스트

　이 척도는 교사와 학부모에게 학습, 동기, 창의력, 지도력, 예술, 유머 행동의 영역에 있어서 아동의 영재성 언행 평가 자료를 제공해주기 위해 고안되었다. 이 항목들은 영재와 창의적인 인물들에 대한 특성을 다루고 있는 연구문헌에서 이끌어냈다. 연구대상 집단 내에서 상당한 개인차가 나타날 수 있다. 따라서 개인별 프로파일도 매우 다양해질 수가 있다. 척도에 있어서의 각 항목은 개별적으로 검토되어야 하며, 각 특성의 유무를 관찰하는 데 따르는 정도를 반영해야만 한다. 6개 분야는 비교적 상이한 언어와 행동경향을 나타내기 때문에, 각각의 척도에서 얻은 점수는 총점을 산출하기 위하여 합계되어서는 안 된다.

설문내용	전혀 아니다	대체로 아니다	보통 이다	대체로 그렇다	매우 그렇다
1. 이런 특성을 좀처럼 또는 관찰한 적이 없다.	●	②	③	④	⑤
2. 이런 특성을 가끔씩 관찰한 적이 있다.	①	●	③	④	⑤
3. 이런 특성을 상당한 정도로 관찰했다.	①	②	●	④	⑤
4. 이런 영재성 언행을 자주 관찰해왔다.	①	②	③	●	⑤
5. 더 발전된 관찰을 할 것으로 예상이 된다.	①	②	③	④	●

제1부 학습의 특성 / 설문내용	전혀 아니다	대체로 아니다	보통 이다	대체로 그렇다	매우 그렇다
1. 나이에 비해 탁월한 어휘력을 가지고 있다(언어적인 행동특성에 있어서 표현력, 섬세함이 풍부하고 언어가 유창하며 유의미한 방법으로 용어를 이용한다).	①	②	③	④	⑤
2. 다양한 주제에 관한 큰 정보 저장소를 가지고 있다(친구들에 비하여 연령수준에 따른 일상적인 관심을 넘어선다).	①	②	③	④	⑤
3. 실제적인 정보자료의 빠른 이해와 회상능력을 갖추고 있으며, 활용을 하려고 시도한다.	①	②	③	④	⑤
4. 원인과 결과 관계에 대한 빠른 통찰력이 있다. 방법과 이유를 알아내려고 애쓴다. 흥미를 갖게 하는 자극적인 질문을 많이 한다.	①	②	③	④	⑤
5. 기본원리를 즉각적으로 파악해내며 사건, 사람, 또는 사물에 대한 올바른(타당한) 일반화를 빨리해낸다. 사건, 사람, 그리고 사물에 있어서의 유사점과 차이점을 찾아낸다.	①	②	③	④	⑤
6. 날카롭고 빈틈없이 관찰해낸다. 대개 다른 사람들보다 이야기, 영화, 그 밖의 것으로부터 "더 많이 보고", "더 많이 얻는다".	①	②	③	④	⑤
7. 많은 책을 스스로 읽는다. 전기, 자서전, 백과사전과 지리책 등을 좋아하며 대개 어른 수준의 책을 선호한다.	①	②	③	④	⑤
8. 복잡한 자료를 각 부분으로 분리해서 이해하려고 노력한다. 스스로의 힘으로 사물을 논리적으로 생각해낸다. 논리적으로 상식적인 답을 알아낸다.	①	②	③	④	⑤
9. 전문서적을 읽고 좋아한다. 특기와 적성에 관련된 책을 좋아하며 난이도가 높은 책을 선호한다.	①	②	③	④	⑤
10. 관심분야에 대하여 어른과 대화하기를 좋아하고 호기심을 갖는다. 컴퓨터를 통해 관련지식을 검색하고 답을 찾는다.	①	②	③	④	⑤

제2부 동기적 특성 / 설문내용	전혀 아니다	대체로 아니다	보통 이다	대체로 그렇다	매우 그렇다
1. 일정한 주제나 문제에 열중하고 몰두한다. 과업성취에 인내와 끈기가 있다.	①	②	③	④	⑤
2. 틀에 박힌 일상과제에 대해서 쉽게 싫증을 느끼며, 창의적인 활동을 좋아한다.	①	②	③	④	⑤
3. 처음으로 자신을 흥분시킨 일에 있어서 외적인 동기가 거의 필요치 않다.	①	②	③	④	⑤
4. 완전을 위해서 최선을 다한다. 자기 비판적이다. 자신의 성공과 결과에 대해서 쉽게 만족하지 않는다.	①	②	③	④	⑤
5. 독자적으로 일하는 것을 선호한다. 교사나 부모로부터의 지도를 거의 필요로 하지 않는다.	①	②	③	④	⑤
6. 종교, 정치, 성, 인종 등과 같이 자신의 나이에 흔치 않는 '어른'들의 문제에 관심을 갖는다.	①	②	③	④	⑤
7. 흔히 자기주장적이며(때때로 공격적이기도 하다), 자신의 신념에 대해 완강하다.	①	②	③	④	⑤
8. 사물, 사람, 그리고 환경을 조직하고 구조화하기를 좋아하며, 주위 사람들에게 보여준다.	①	②	③	④	⑤
9. 옳고 그름, 좋고 나쁨에 대단한 관심이 있다. 사건, 사람, 그리고 사물에 대해서 자주 평가하고 판단을 내린다.	①	②	③	④	⑤
10. 과제 집착력이 강하기 때문에 그 문제가 해결될 때까지 다른 주제로 관심을 바꾸기가 곤란하다.	①	②	③	④	⑤

제3부 창의적 특성 / 설문내용	전혀 아니다	대체로 아니다	보통 이다	대체로 그렇다	매우 그렇다
1. 많은 사물에 대해서 많은 호기심을 나타내 보인다. 어떤 것이든 그리고 모든 것에 관하여 끊임없이 질문을 하려 든다.	①	②	③	④	⑤
2. 문제와 질문에 대한 수많은 의견과 해결책을 산출해낸다. 흔히 독특하고, 색다르며, 현명한 대답을 제시한다.	①	②	③	④	⑤
3. 의견의 표현이 자유롭다. 때때로 의견 불일치에 있어서 과격하고 활발하며, 집요하다.	①	②	③	④	⑤
4. 모험을 무릅쓰고 도전을 하며, 비록 실수를 하더라도 즐기면서 사색적이다.	①	②	③	④	⑤
5. 많은 지적인 유희를 즐기고 있음을 나타내 보인다. 공상하고, 상상한다.	①	②	③	④	⑤
6. 예리한 유머감각을 나타내 보인다. 다른 사람들에게는 우습지도 않은 상황에서도 유머를 한다.	①	②	③	④	⑤

	전혀 아니다	대체로 아니다	보통 이다	대체로 그렇다	매우 그렇다
7. 자신의 충동을 특이하게 의식하며 스스로의 불합리에 더욱 노출되어 있다(남자의 경우 여성적인 관심을 보다 자유롭게 표현하고 여자의 경우 더욱 더 독립적이다). 정서적 감성을 나타낸다.	①	②	③	④	⑤
8. 아름다움에 대해서 민감하며, 깊이 있는 관찰을 한다. 사물에 대한 심미적 특성을 나타낸다.	①	②	③	④	⑤
9. 비순종적이고, 무질서를 받아들인다. 세부적인 것에 대한 관심이 없다. 개인주의적이다. 특이하다는 데 대해서 불안해하지 않는다.	①	②	③	④	⑤
10. 건설적으로 비판한다. 비판적인 검토 없이 권위자의 발표를 그대로 받아들이려 하지 않는다.	①	②	③	④	⑤

제4부 리더십 특성 / 설문내용	전혀 아니다	대체로 아니다	보통 이다	대체로 그렇다	매우 그렇다
1. 임무를 잘 수행한다(책임감이 강하다). 자신이 약속한 것은 반드시 해낸다고 믿을 수 있으며 그것을 잘해낸다.	①	②	③	④	⑤
2. 어른은 물론 자기 또래친구들에게 자신만만하다(자신의 일을 잘 나타내 보이라고 요구받으면 만족스럽게 기꺼이 해낸다).	①	②	③	④	⑤
3. 급우들이 많이 따르고 협조적이며, 모둠을 같이하고 싶어 하는 등 매우 좋아한다.	①	②	③	④	⑤
4. 교사와 급우들에게 협조적이다. 말다툼을 피하려 하며 일반적으로 쉽게 어울린다.	①	②	③	④	⑤
5. 자신을 잘 표현한다. 유창한 언어능력을 구사하며 대개 잘 이해된다.	①	②	③	④	⑤
6. 새로운 환경에 잘 적응한다. 사고와 행동에 있어서 융통성이 있다. 일상과정이 변화되었을 때에도 혼란되지 않는다.	①	②	③	④	⑤
7. 다른 사람과 함께 있는 것을 즐긴다. 사교적이며 혼자이기를 바라지 않는다.	①	②	③	④	⑤
8. 남들과 함께 있을 때 그들을 지배하려는 경향이 있다. 대개 자신이 포함된 활동으로 그들을 이끈다.	①	②	③	④	⑤
9. 유치원과 관련된 대부분의 사회적 활동에 참가하고, 더 발전된 아이디어를 제공한다.	①	②	③	④	⑤
10. 체육활동에서 탁월하다. 팀 활성에 잘 협조해나가며 모든 운동경기를 즐긴다.	①	②	③	④	⑤

제5부 예술적 특징 / 설문내용	전혀 아니다	대체로 아니다	보통 이다	대체로 그렇다	매우 그렇다
1. 예술활동에 참여하기를 좋아한다. 아이디어를 시각적 으로 표현하려고 열망한다.	①	②	③	④	⑤
2. 많은 요소들을 예술작품에 조화시킨다. 예술작업의 대 상과 내용을 변화시킨다.	①	②	③	④	⑤
3. 예술적인 문제에 대해서 전통적이고 관습적인 것에 반 대되는 독창적인 해결책에 도달한다.	①	②	③	④	⑤
4. 예술적인 연구과제에 장기간 동안 대화를 나누거나 그 림을 그리면서 설명을 시도한다.	①	②	③	④	⑤
5. 상이한 매체를 이용하여 효과를 자발적으로 시험해본 다. 여러 가지 자료와 기법을 이용해서 실험한다.	①	②	③	④	⑤
6. 자유활동이나 교실(자습)에서, 과제에서 그리기, 만들기 등 예술매체를 선택하는 경향이 있다.	①	②	③	④	⑤
7. 환경에 특별히 민감하다. 그는 예민한(날카로운) 관찰 자이고 신기로움을 파악하고 다른 사람이 못 보는 것 을 본다.	①	②	③	④	⑤
8. 예술작업에서 균형과 양식을 기발한 아이디어로 생산 해내고 상대를 설득하기도 한다.	①	②	③	④	⑤
9. 자신의 작업에 대해 비판적이고, 작품의 질에 대해 높 은 표준을 설정하며 작업을 세련되게 하기 위해 때때 로 창작물을 재생산한다.	①	②	③	④	⑤
10. 다른 학생의 작업에 관해 토의하거나 연구하는 데 시 간을 보내는 등 관심을 나타낸다.	①	②	③	④	⑤

제6부 유머 및 동작의 특징 / 설문내용	전혀 아니다	대체로 아니다	보통 이다	대체로 그렇다	매우 그렇다
1. 연극이나 풍자에 자발적으로 참여하고 빠른 속도로 적 응을 하면서 성실하게 연습을 한다.	①	②	③	④	⑤
2. 이야기를 쉽게 하고 경험을 쉽게 전달하며 틈틈이 연습 을 하면서 적극적으로 참여한다.	①	②	③	④	⑤
3. 감정을 전달하기 위해 제스처와 얼굴표정을 효과적으 로 사용하며 다양하게 표현한다.	①	②	③	④	⑤
4. '현장에서 즉석으로 하는' 역할 연기, 즉흥 연기, 연출 에 유능하고 창의적인 아이디어를 낸다.	①	②	③	④	⑤
5. 개그맨들의 흉내를 잘 내며 친구들을 웃기면서 상대의 생각을 유도하고 더 좋은 아이디어를 찾는다.	①	②	③	④	⑤

6. 타인의 소리와 태도를 거의 비슷하게 흉내를 내면서 주위를 웃기고, 관심 있는 대상에 적극적이다.	①	②	③	④	⑤
7. 말을 하면서 동작이 크고 표정이 다양하며, 대중 앞에서 더 발전된 모습으로 발표하기를 좋아한다.	①	②	③	④	⑤
8. 유머시간을 즐기며 틈만 있으면 대화를 시도하고 웃기거나 다음에는 뭘 할까 하고 상의도 한다.	①	②	③	④	⑤
9. 지난 개그프로를 이야기하며 더 향상된 유머를 시도하거나 친구들을 참여시킨다.	①	②	③	④	⑤
10. 유머에 사용할 자료를 창의적으로 개발하여 친구와 가족을 놀라게 하며 웃긴다.	①	②	③	④	⑤

참고문헌

교육부(2000), 『유아 언어교육활동 지도자료』, 서울: 교육부.
교육부(1997), 『특별활동, 초등학교 교사용 지도서』, 서울: 국정교과서.
구자억 외(2002), 『동서양 주요국가 영재교육』,, 서울: 문음사.
권명숙(1993), 『현장연구보고서』, 서울: 교총.
김덕순(1995), 『현장연구보고서』, 서울: 교총.
김문빈(1996), 『NIE 열린 수업』, 한국교육출판사.
김재은(1991), 『머리 좋은 아이로 키워라』, 서울: 샘터사.
김정규 외(2003), 『우리 아이 천재로 키우는 법』, 서울: 창조문학사.
김정휘 외(1996), 『영재 학생을 위한 교육』, 서울: 교육창의성사.
김창호(1990), 『현장연구보고서』, 서울: 교총.
노델 외(2002), 『유아영재교육의 이해』, 서울: 학문사.
다코 아키라(1998), 『엄마의 영재교육 방법』, 서울: 투영미디어.
대한총명학회(2005), 『두뇌혁명』, 서울: 조선일보사.
루스 실로(2002), 『유태인의 천재교육』, 서울: 민중서원.
마릴린 번즈(1989), 『거꾸로 생각교실』, 서울: 대교문화.
바탕소(1997), 『EQ 자녀교육법』, 서울: 무크출판사.
박선무(2004), 『뇌의 신비』, 서울: 서울문화사.
박인근(1992), 『일본의 과학 영재교육』, 충북대학교: 과학교육연구논총.
서울시교육청(2002), 『영재교육연수자료』, 서울: 시울시 교육청.
서울평가위원회(1995), 『창의성 교육 문을 열다』, 서울: 시울시 교육청.
송인섭 외(2001), 『영재교육의 이론과 방법』, 서울: 학문사.

서유헌(2005), 『나는 두뇌짱이 되고 싶다』, 서울: 랜덤하우스 중앙.
오치선(1999), 『"사회교육", 교육의 수월성』, 서울: 한국교총.
오치선 외(1999), 『청소년지도학』, 서울: 학지사.
윤준호(2005), 『미디어 다음 뉴스』.
이군현(1991), 『기타 외국에서의 과학 영재교육』, 한국과학기술원.
이영(1987), 『유아를 위한 창의적 동작교육』, 서울: 교문사.
이기숙(1992), 『유아교육과정』, 서울: 교문사.
이기영(1995), 『우리도 깨볼까』?, 서울: 현대 미디어.
이영자(1996), 『유아언어교육』, 서울: 양서원.
이용국(1996), 『우리 아이 영재가 됐어요』, 서울: 을지출판사.
이종록(1996), 『창조교육 이론』, 서울: 교육과학사.
이주형 · 최정훈(2002), 『특허와 창업』, 서울: 동광출판사.
임선하(1994), 『창의성에의 초대』, 서울: 교보문고.
장영주(1997), 『초등 창의학습장』, 서울: 한국교육평가원.
전경원(2000), 『영재교육학』, 서울: 학문사.
주영희(1984), 『유아를 위한 언어교육』, 서울: 교문사.
최종오(1998), 『초등학교 영재교육의 문제점과 개선방향』, 전남대학교.
한국교육학회(2001), 『인간과 교육』, 서울: 문음사.

日本書籍出版協會(2003), 日本書籍總目錄.
陸士楨(1996), 社會變動中的中國少年, 中國少年兒童出版社.
辛厚文 外(1986), 大學少年班敎育槪論, 中國科學技術大學出版社.
中國靑少年硏究中心 等(1996), 中國靑年硏究, 北京: 中國靑年硏究志社.
陳濤 · 陸玉林(2000), 中國靑少年政策報告, 中國靑年出版社.
天津市實驗小學校(1989), 智力超常兒童集體敎育實驗經驗論文選編.

Borland, J.(1978), Teachers' identification of the gifted, Journal for the Education
    of the Gifted.
Cramer, R. H.(1991), The education of gifted children in the United States: A
    Delphi study, Gifted Child Quarterly.
EDWA(Education Department of WA)(1997), Exceptionally Able Children.
Ehrlich, V. Z.(1982), Gifted Children: A Guide for Parents and Teachers,
    Eaglewood Cliffs. New Jearsey, Prentice-Hall, Inc.
Feldhusen, J. F.(1997), Educating teachers for work with talented youth, In N.

Colangelo & G. A. Davis(Eds.), Handbook of gifted education (pp.547~552), London: Allyn & Bacon.

George, D.(1995), *Gifted Education-Identification and Provision*, Resource Material for Teachers, London: David Fulton Publishers.

Goodman, K. & Goodman, Y.(1989), Research and whole language Association, Inc.

Hanninan, G. E.(1988), A study of teacher-training in gifted education, Roeper Review.

Hansen, J. B., & Feldhusen, J. F.(1994), Comparison of trained and untrained teachers of gifted students. Gifted Child Quarterly.

House, P. A.(Ed.)(1987), *Providing Opportunities for the Mathematically Gifted, K-12.*, Reston, Virginia: NCTM.

Hultgren, H. W., & Seeley, K. R.(1982), Training teachers of the gifted: A research monograph on teacher competencies, Denver: University of Denver, School of Education.

Jacobs, J.(1972), Teacher attitude toward gifted children, Gifted Child Quarterly.

Jan. V. S., & Norske A. L.,(1990), World Survey on Newspaper in Education(NIE) Program.

김건용

교육학박사(명지대학교 대학원)
교육학석사(건국대학교 교육대학원)
군산교육대학교 졸업
현) 국제영재교육연구회 회장
　　국제문화대학원대학교 영재사회교육 겸임교수

박경희

교육학박사(명지대학교 대학원)
영재 교육학석사(명지대학교 사회교육대학원)
국제문화대학원대학교 겸임교수
한국방송공사 구성작가
엘리트 영재 어린이집 원장
티나크나 영재센터 장

박병철

국제문화대학원대학교 교육학 박사과정
교육학석사(국제문화대학원대학교)
명지대학교 사회교육대학원 수료(두뇌예술교육전공)
문학사(한국사이버대학교)
현) 국제두뇌계발연구소 소장
　　서울 윤서유치원 이사장
　　(사)한자녀더갖기운동연합 부모교육 전임강사

다기스드친 설명을 키우는

전뇌활용영재교육

초판인쇄 | 2012년 3월 8일
초판발행 | 2012년 3월 8일

지 은 이 | 김건용, 박경희, 박병철
펴 낸 이 | 채종준
펴 낸 곳 | 한국학술정보(주)
주   소 | 경기도 파주시 문발동 파주출판문화정보산업단지 513-5
전   화 | 031) 908-3181(대표)
팩   스 | 031) 908-3189
홈페이지 | http://ebook.kstudy.com
E-mail | 출판사업부 publish@kstudy.com
등   록 | 제일산-115호(2000. 6. 19)

ISBN   978-89-268-3148-9 03370 (Paper Book)
         978-89-268-3149-6 08370 (e-Book)

이담
/ooks 는 한국학술정보(주)의 지식실용서 브랜드입니다.